AF893978

Retouches photo avec Photoshop (II)

61, bd Saint-Germain
75005 Paris

ISBN 2-212-11558-X

www.editions-eyrolles.com

Cahier 18
du DESIGNER

Retouches photo avec Photoshop (II)

Cyril BRUNEAU

Fabrice DRILLON

Arnaud FRICH

Gilles GUÉRIN

Agnès MASSIOT

Stéphane REY-GORREZ

Bernard RICHEBÉ

SHIVER

Peet SIMARD

EYROLLES

À la différence d'une photo de commande, où l'on peut choisir le modèle, sa tenue et son maquillage, le décor et la lumière, une photo prise sur le vif comprend des éléments, des détails qui nous sont imposés. Grâce à des techniques de retouche assez simples, il est cependant possible d'améliorer a posteriori la qualité de cette photo et de modifier certains paramètres incontrôlables lors de la prise de vue.

atelier 01

CYRIL **BRUNEAU**

Matériel utilisé

- Canon EOS 10D
- Objectif Canon 28-70/2,8
- Mac G4 biprocesseur 533 MHz
- 1,5 Go de RAM
- 120 Go de disque dur
- Tablette A4 Wacom Intuos 3
- Sonde Eye-One

Logiciels utilisés

- Photoshop CS
- iView MediaPro

Pris sur le vif

Prise de vue — Image de travail — Image finale

Habitué aux retouches les plus pointues dans mon travail, je ne peux m'empêcher d'appliquer ces techniques à mes photos personnelles. Comme sur cette image, où le sujet, les accessoires et la lumière m'étaient imposés. Ici, le moment de la prise de vue a été capital, car c'est l'instant où j'ai conçu mentalement mon image. Je vois une scène se dérouler devant moi et j'imagine instantanément la photo que cela pourrait donner. Dans ce cas présent, j'étais dans une bibliothèque avec mon fils de dix mois, qui se met tout d'un coup à hurler : ne sachant pas quoi faire pour le calmer, je lui enfile un casque à portée de main pour lui faire entendre un peu de musique. Aussitôt il se calme, écoutant cette musique avec curiosité et plaisir. C'est à ce moment précis que j'ai saisi mon appareil numérique, en me représentant déjà la photo que j'allais prendre : je n'ai donc disposé que de quelques instants pour choisir le cadrage et les paramètres de réglage.

La (retouche **numérique a ceci d'extraordinaire** *qu'on peut tout aussi bien l'appliquer aux photos de pub les plus léchées qu'aux clichés personnels.*

Casque
à retoucher
Fils du casque
à faire passer
sous le bras
Rendre le regard
plus présent
Augmenter le contraste général
sans boucher les hautes et basses lumières
Recadrer l'image

Étape 1

Prise de vue

Sur cette image, le principal piège vient de la lumière. En effet, elle n'arrive que par un seul côté, rendant le sujet très contrasté : il faut donc veiller à ne pas brûler les hautes lumières, ni boucher les ombres. Une fois l'exposition réglée (vitesse 1/90, ouverture 3,5, ISO 200), je choisis de me placer en mode RAW, afin de récupérer le maximum d'informations dans les basses et hautes lumières. Je remarque au passage que le casque a été rafistolé avec du ruban adhésif : je l'arrangerai lors de la retouche. Puis je prends la photo aussi vite que possible, en soignant la mise au point car j'ai peu de profondeur de champ.

Il faut considérer la (retouche **comme un moyen** *d'arriver à l'image que l'on souhaite, et non comme la solution miracle qui transformera une image moyenne en une belle image.*

Présent sur de nombreux appareils numériques, le format de fichier RAW se comporte comme un négatif numérique qui permet de récupérer toutes les informations enregistrées par le capteur, sans que l'appareil n'effectue d'interprétation ni de de corrections chromatiques.

Préparation de la retouche

En vue d'effectuer les corrections chromatiques d'une manière rigoureuse, il est primordial de disposer d'un écran calibré. Pour ma part, j'utilise une sonde Eye-One pour déterminer le profil de mon moniteur, que je recalibre chaque semaine environ. Puis je choisis ma photo préférée parmi la série que j'ai shootée, en utilisant le logiciel iView MediaPro, à la fois très pratique et très rapide. Je décide alors des retouches que je souhaite réaliser sur l'image, et de l'ordre dans lequel je vais procéder. Ces quelques minutes de réflexion m'évitent ainsi de perdre du temps par la suite.

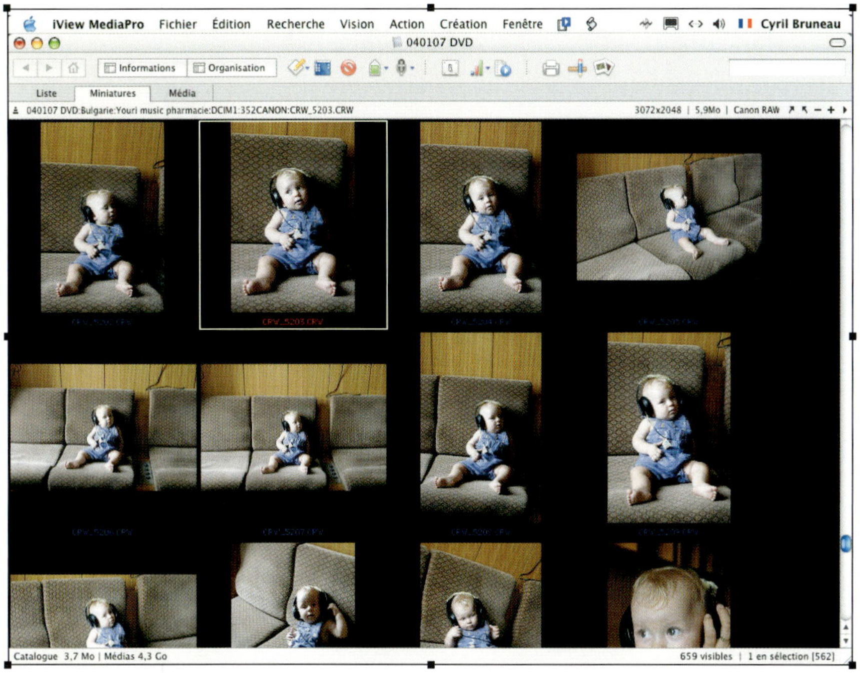

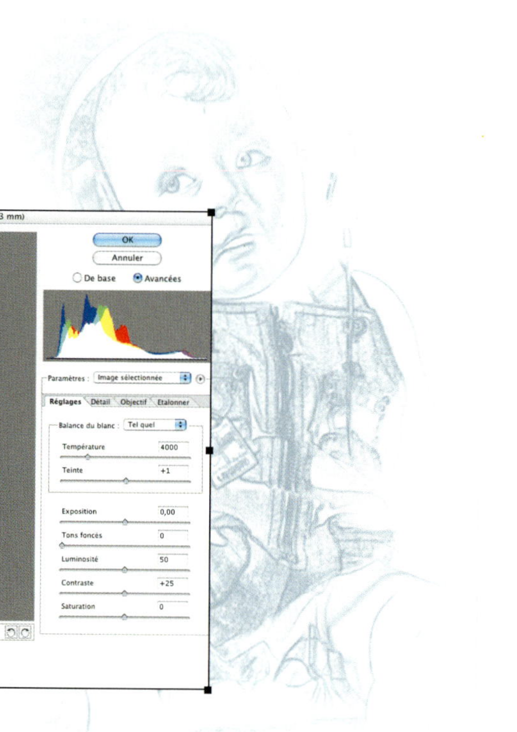

Étape 2

Gestion du format RAW

Dans Photoshop CS, j'ouvre mon image au format RAW : une fenêtre apparaît, m'offrant de nombreuses options.

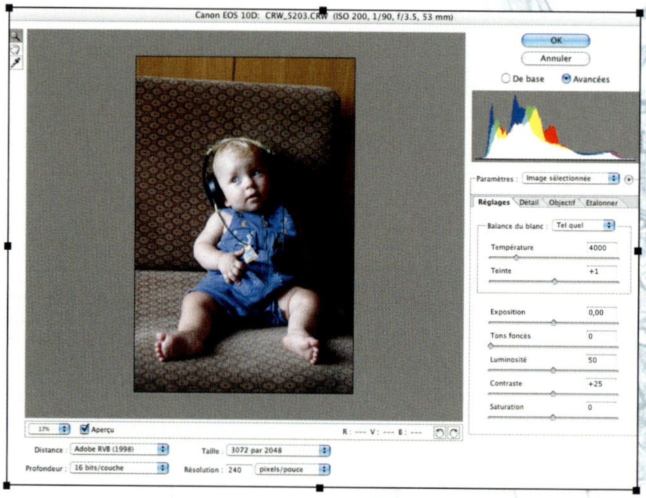

En bas à gauche de cette fenêtre se situe un petit menu permettant de choisir la profondeur : 8 bits ou 16 bits. D'une manière générale, je travaille sur des images en 8 bits, sauf dans certains cas comme celui-ci, où je désire recueillir le maximum d'informations présentes sur l'image. En agissant ainsi, je réduis le risque d'endommager ma photo avec les différentes manipulations qui vont suivre.

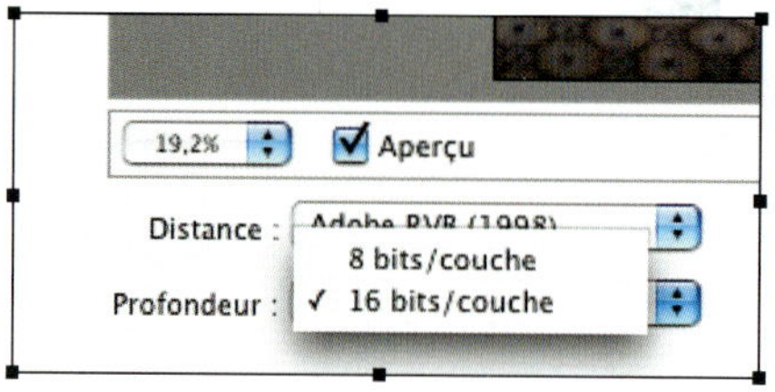

Je règle ensuite la température de couleur. L'image me paraissant un petit peu froide par rapport à ce que je souhaiterais, je monte de quelques points cette température, en passant de 4000 °K à 4500 °K.

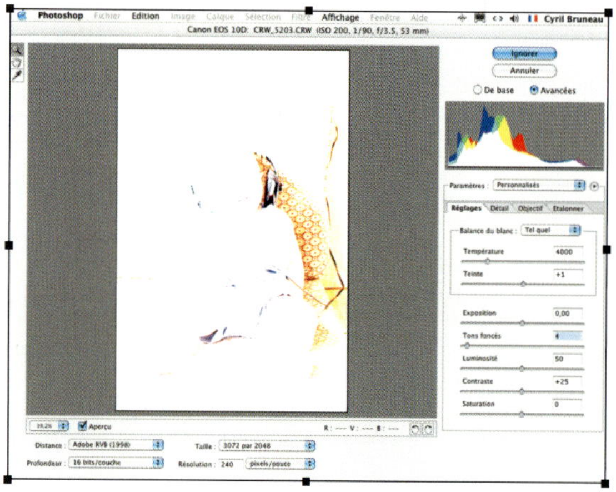

Puis je vérifie l'exposition, grâce à l'analyse de l'histogramme situé en haut à droite de la fenêtre, qui m'indique la quantité d'informations existant entre les hautes et basses lumières. En bougeant le curseur, on s'aperçoit en effet que l'histogramme se déplace et que beaucoup d'informations disparaissent. Si l'on déplace le curseur vers la droite tout en appuyant sur la touche Alt, on visualise les informations perdues dans les hautes lumières. De la même manière, en poussant le curseur vers la gauche, on distingue les informations susceptibles de faire défaut dans les basses lumières. Sur cette image, je vais me contenter d'augmenter légèrement le contraste.

Étape 3

Détourage du casque abîmé

Ma photo serait quand même plus esthétique si le casque d'écoute que porte mon fils ne comportait pas ce vilain ruban adhésif. Pour y remédier, je vais détourer le bas du casque et en retirer la portion abîmée.

Puis je transforme le tracé en sélection (via le menu Palette tracé>Définir une sélection). Je choisis un rayon de 4 pixels afin d'obtenir une sélection progressive. Je transforme ensuite l'arrière-plan en calque en double-cliquant dessus dans la palette Calques. Tout en maintenant la touche Alt enfoncée, je clique sur l'icône Masque située en bas de la palette Calques, ce qui me permet de créer un masque en cachant ce qui se trouve dans la sélection.

Il y a mille et une façons de détourer un objet dans Photoshop. Certaines techniques font appel à la différence de teinte ou de luminosité entre le sujet et le fond (Extraire, Plage de couleurs, Baguette magique...), d'autres sont plus ou moins manuelles (outils Plume, Lasso...), d'autres enfin sont hybrides (les masques). Il est donc primordial de bien analyser l'image pour déterminer quelle méthode va être la plus efficace.

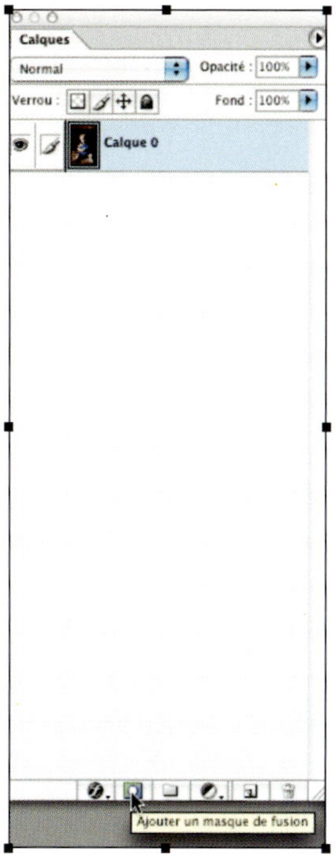

Ici, la zone à détourer est constituée de cheveux blonds sur un adhésif jaune, ce qui complique un peu la manipulation... Je décide d'utiliser un masque que j'affinerai manuellement.

Je détoure grossièrement la partie du casque abîmé à l'aide de l'outil Plume.

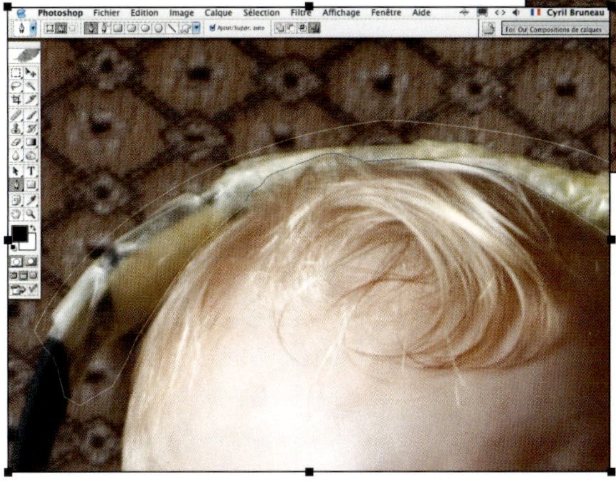

Je me retrouve maintenant avec un trou dans l'image et des cheveux mal détourés. J'y reviendrai plus tard, car je dois d'abord recréer le tissu manquant du fauteuil, afin de mieux distinguer ces cheveux blonds qui ne sont pas très visibles sur le fond transparent.

Étape 4

Le tissu du fauteuil

Je vais copier une parcelle de tissu au-dessus de la tête de l'enfant. Pour cela, j'utilise un outil de sélection, par exemple le rectangle. Je copie cette sélection et la colle sur un nouveau calque, que je place sous le calque d'origine.
À l'aide de l'outil Déplacement, je repositionne alors ce nouveau calque de manière à faire correspondre les motifs.

La tablette graphique s'avère très pratique ici, car elle permet d'opérer des mouvements fluides et sans à-coups, chose plus difficile avec la souris.

Les cheveux

Il est maintenant temps d'affiner le masque que j'ai créé précédemment autour de la tête. Je me place donc sur ce masque en cliquant sur l'icône Masque du calque. Avec un petit pinceau, tout ce que je peindrai en noir sera masqué. Pour pouvoir créer des transparences dans les cheveux, je fixe l'opacité du pinceau à 50 %. ■

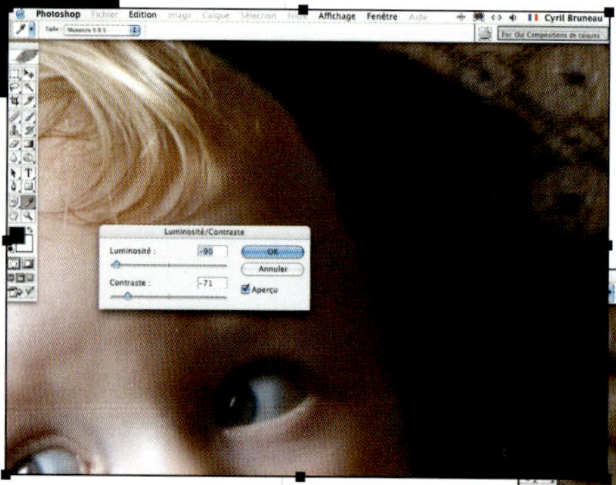

Je dois maintenant reformer l'ombre située à droite de la tête. Je crée un calque de réglage Luminosité/Contraste que je place juste au-dessus du calque des motifs : je le passe en mode Obscurcir, puis ajuste la luminosité et le contraste afin d'obtenir exactement la même teinte que l'ombre.

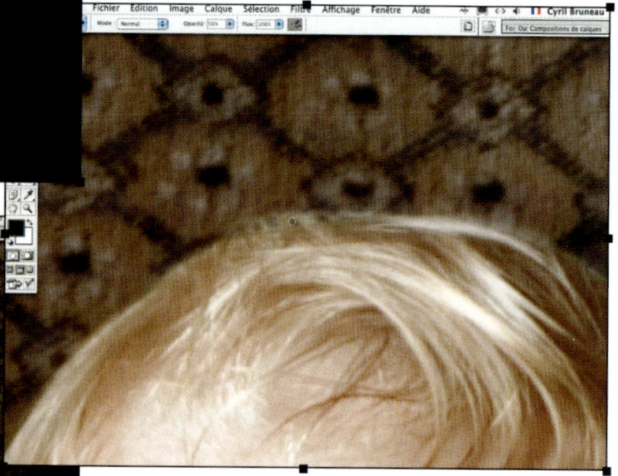

Au moyen d'un pinceau assez large, je recouvre de noir le masque de ce calque, pour redessiner la forme de l'ombre et lui donner un aspect naturel. En outre, en peignant avec le bord du pinceau, je recrée le dégradé de l'ombre très facilement.

Étape 5

Reconstitution du casque

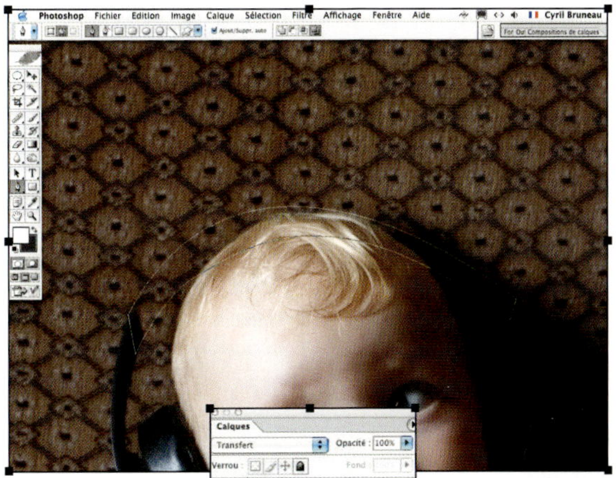

Comme la partie du casque à remplacer est assez importante, je vais redessiner son contour au moyen de l'outil Tracé.

Puis je transforme ce contour en sélection, en choisissant un rayon de 1 pixel afin de disposer d'un tracé assez net.

Pour recréer le casque, je vais avoir besoin de plusieurs calques. Pour que ma palette de calques soit mieux ordonnée, je vais les ranger dans un groupe de calques que je nomme Casque. Je positionne ce groupe au-dessus du calque Fauteuil.

Dans un calque que je place dans le nouveau groupe, je remplis ma sélection ave la couleur du casque. Dans un nouveau calque, je vais recréer l'épaisseur du casque. Comme je dispose déjà de la partie supérieure du casque grâce à ma sélection précédente, il me suffit de créer un tracé de sa partie inférieure : au moment de transformer ce tracé en sélection, je coche l'onglet Intersection avec la sélection pour récupérer la partie commune à ce tracé et à ma sélection initiale.

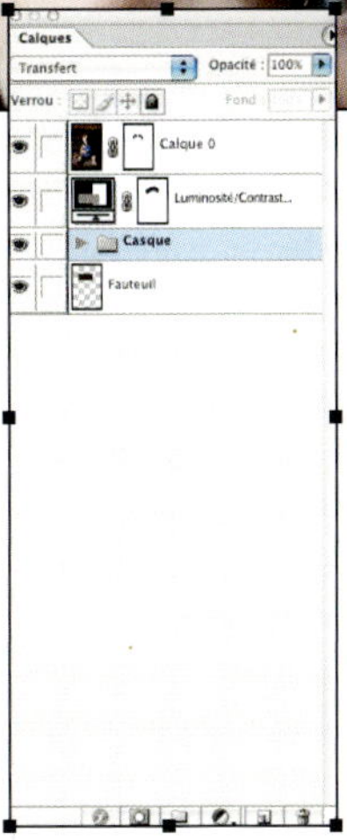

Enfin, je remplis cette sélection avec la couleur de l'arête, sélectionnée à l'aide de la pipette.

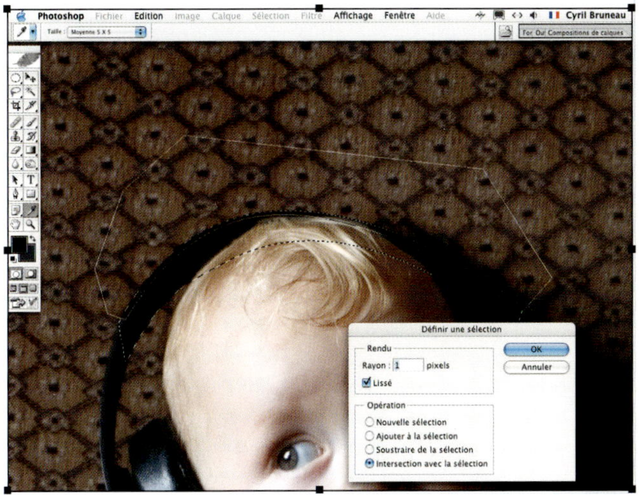

Photoshop permet d'additionner ou de soustraire deux sélections, mais également d'en récupérer l'intersection, ce qui permet souvent d'éviter du détourage inutile.

Étape 6

Finitions du casque

C'est l'étape la plus importante et souvent la plus longue de ce type de retouche. En effet, il suffit d'un petit détail dissonant et c'est toute l'image qui sonne faux. Par exemple, je remarque sur cette photo que la lumière arrivant sur le casque forme un fin liseré blanc sur l'arête, et que les ombres tournent. Il va donc falloir imaginer comment la lumière arriverait sur la partie du casque que j'ai reconstituée. C'est ce travail d'interprétation qui s'avère le plus difficile en retouche.

Un (bon retoucheur se distingue
d'abord par l'acuité de son regard, et ensuite par la maîtrise de Photoshop.

Et voilà, j'ai maintenant un casque tout beau tout neuf !

Je dessine le liseré au moyen de l'outil Plume, puis je le transforme en sélection que je place dans un nouveau calque et que je remplis de blanc. On peut jouer avec l'opacité du calque et le filtre Flou gaussien pour rendre ce liseré plus réel.

J'applique ensuite le filtre Ajout de bruit à la portion recréée du casque, afin de donner au plastique un aspect plus réaliste.

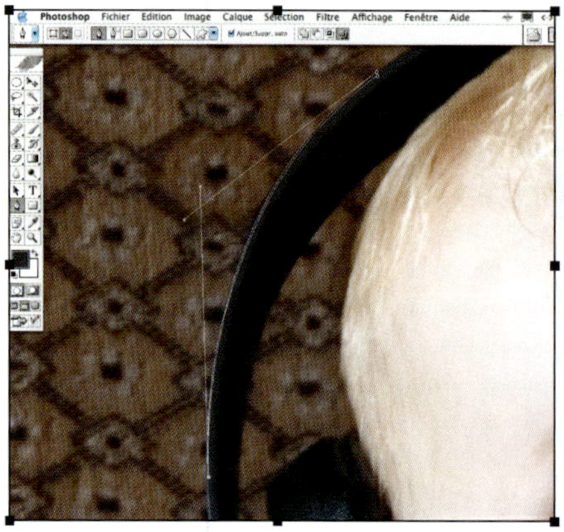

Pour dessiner les ombres qui tournent sur le casque, je crée un calque de réglage Luminosité/Contraste que je place au-dessus des autres calques. Je choisis une valeur de –20 pour la luminosité, sans toucher au contraste. Je remplis alors de noir le masque de ce calque pour que ce dernier n'agisse pas sur l'image. Puis, à l'intérieur, je peins minutieusement en blanc les zones que je souhaite assombrir, à l'aide d'un pinceau d'opacité 20 %.

Étape 7

Derniers détails

Pour faire disparaître les fils du casque, j'utilise l'outil Tampon sur un nouveau calque, en m'assurant que la case Utiliser tous les calques est bien cochée.

Pour rendre le regard plus présent, je procède à quelques petites retouches sur l'œil. À l'aide de l'outil Densité – (sur tons moyens), je rends le blanc des yeux plus clairs, et au moyen de l'outil Éponge, je rajoute un peu de saturation sur la couleur des yeux. Puis je retouche le coin de l'œil gauche pour diminuer un peu la chair qui empiète dessus.

> Avant de recadrer ma photo, j'effectue toujours une copie de l'image retouchée pour disposer d'un cadre plus large si je devais changer d'avis.

Je recadre l'image, aplatis les calques, et augmente un peu le contraste. L'image est presque terminée.

Pour ajouter un peu de netteté à l'image, j'emploie le filtre Accentuation, mais avec réserve, car il augmente beaucoup le bruit dans les ombres. Une manière d'obtenir un meilleur résultat consiste à affecter ce filtre à la couche Luminosité et non aux couches Couleurs. Pour cela, je passe du mode RVB au mode Lab, sélectionne la couche L dans la palette des couches et n'applique le filtre qu'à cette couche. Puis je me remets en mode RVB. C'est fini ! ■

Photo originale

Photo retouchée

Étape 8

Passage en noir et blanc

Il y a certaines photos qu'il nous plairait d'avoir en noir et blanc. Pour cela, plusieurs techniques s'offrent à nous. La plus simple consiste à désaturer l'image au maximum (via le raccourci Pomme+Maj+u). Une autre méthode très simple revient à passer l'image en niveaux de gris (via la commande Image>Mode> Niveau de gris). Mais ces deux procédés donnent neuf fois sur dix un résultat très moyen.

Une autre façon de faire est de garder une seule couche dans l'image : dans la palette des couches, on isole successivement l'une des trois couches RVB pour évaluer celle qui semble la plus appropriée et on supprime les deux autres. Ou bien on passe en mode Lab et on ne conserve que la couche L.

Pour ma part, je préfère utiliser le mélangeur de couches, technique un peu plus longue mais plus minutieuse : quand on aime le noir et blanc, on aime être précis dans les teintes de gris.

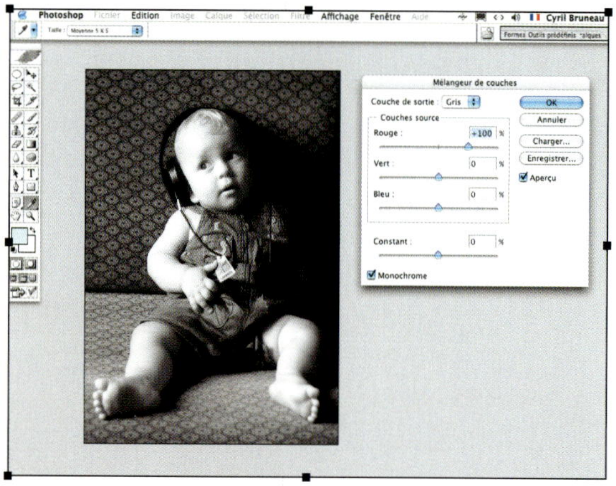

Je travaille sur l'image aplatie. Je crée un calque de réglage Mélangeur de couches en cochant l'onglet Monochrome.

Ici, je ne m'intéresse qu'aux gris des hautes lumières, en cherchant à obtenir un blanc très franc mais contenant encore des détails. Je déplace les curseurs jusqu'à ce que j'obtienne le résultat escompté, puis valide mon choix.

Puis je crée un nouveau calque Mélangeur de couches en cochant l'onglet Monochrome : cette fois, je décide de changer le ton de la salopette, en souhaitant un gris plus clair, mais très contrasté. Je règle les curseurs en fonction de ce choix, en ne me souciant que du vêtement.

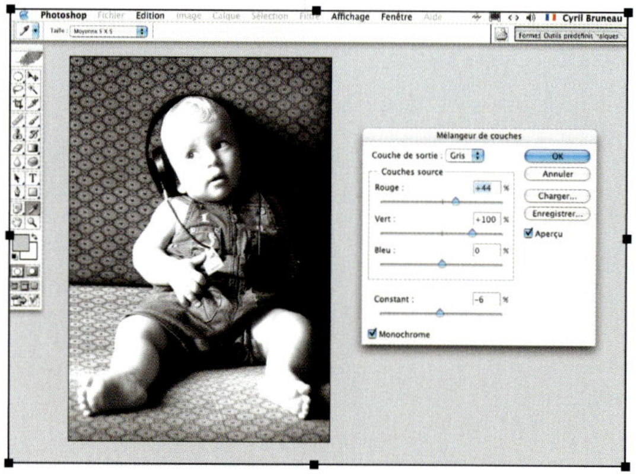

Réglage des couleurs

Je remplis alors de noir le masque de ce calque, et à l'aide du pinceau, je peins en blanc la salopette pour la faire ressortir. Je recrée comme cela autant de calques que j'ai de zones à modifier.

Étape 8

En (**général**, **le noir et blanc supporte** *beaucoup plus d'accentuation que la couleur.*

Je souhaite ensuite redonner un peu de contraste à l'image. Pour cela, j'utilise un calque de réglage Luminosité/Contraste, fixe avec soin ses valeurs, puis valide mon choix. En peignant dans le masque de ce calque au moyen d'un pinceau noir, je récupère les détails que j'avais perdus dans les hautes lumières en augmentant le contraste.

Pour finir, j'ajoute un peu de netteté à l'aide du filtre Accentuation, en veillant à me placer à 100 % (taille réelle des pixels dans le menu Affichage) pour bien apprécier le réglage de ce filtre. ■

Désaturation — En niveaux de gris — Couche L du LAB — Mélangeur de couches

Dans le cadre de mon activité,
je suis amené à photographier
toutes sortes de sujets dans
des conditions difficiles. Heureusement,
certains problèmes liés aux conditions
de prise de vue peuvent être corrigés grâce
aux outils performants de Photoshop. Ici,
le manque de place, de temps et de matériel
ne me permettait pas de réaliser une image
satisfaisante sans retouches ultérieures.

atelier 02

FABRICE **DRILLON**

Matériel utilisé

- Mamiya RZ67 avec dos Phase One H20
- Générateur 3000 W
- 2 torches 1500 W avec bol et parapluie
- Sonde Eye-One
- PowerBook G4
- PowerPC G4 biprocesseur 867 MHz
- 2 Go de RAM
- 2 disques durs de 30 Go
- Tablette graphique Wacom

Logiciels utilisés

- Capture One 3.5.2
- Photoshop CS

Montage d'une double exposition

Image finale

Cette photo m'a été commandée pour illustrer la couverture d'un catalogue de vente aux enchères de vins. Il ne s'agissait pas de faire de la photo une image descriptive mais plutôt une accroche visuelle, le client souhaitant quelque chose d'original mais assez simple à réaliser. Pour ne pas détériorer le vin, la séance photo devait se dérouler dans un temps très court au moyen d'un équipement transportable. Notre choix s'est porté sur une bouteille de sauternes : en cherchant un éclairage convenable, j'ai remarqué des irisations intéressantes se projetant sur son fond, mais pour que cet effet soit visible, je devais sous-exposer la bouteille. J'ai donc décidé de procéder à deux expositions à des diaphragmes différents, la première pour capter les effets de lumière sur le fond de la bouteille et la seconde pour shooter sa transparence. Il ne me restait plus qu'à réaliser un montage de ces deux photos pour obtenir l'image souhaitée.

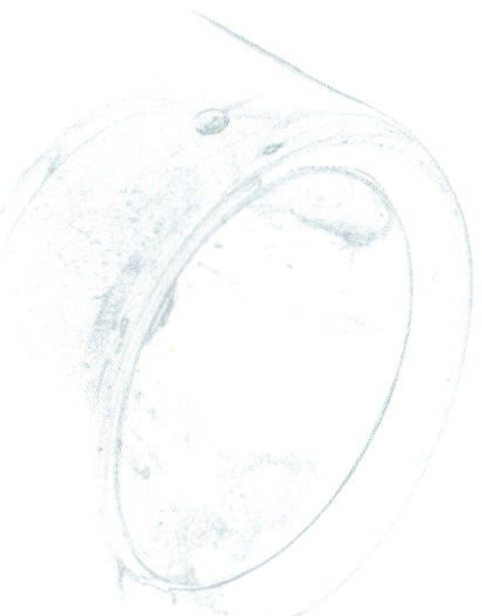

Ce (travail de retouche consiste à superposer deux prises de vue.

Étape 1

Prise de vue et développement numérique

> D'autres photographes préconisent le mode RVB, plus simple pour le réglage chromique des images, mais ici, l'imprimeur du client préférait des fichiers CMJN Euroscale Coated v2 avec un engraissement des noirs de 360 %.

La prise de vue est réalisée sur un fond Altuglas blanc avec deux flashs de 1500 watts, l'un en éclairage direct et l'autre avec un parapluie en rappel, le tout branché à un générateur de 3000 watts et synchronisé avec un Mamiya RZ. Ce dernier est muni d'un dos Phase One H20, relié par câble Firewire à un PowerBook G4.

Après le développement numérique, j'ouvre les fichiers dans Photoshop en respectant les profils ICC intégrés. Dans le menu Photoshop> Couleur, je désature les couleurs du moniteur de 20 % pour simuler la perte à l'impression liée à la trame offset (espace blanc entre les points de la trame).

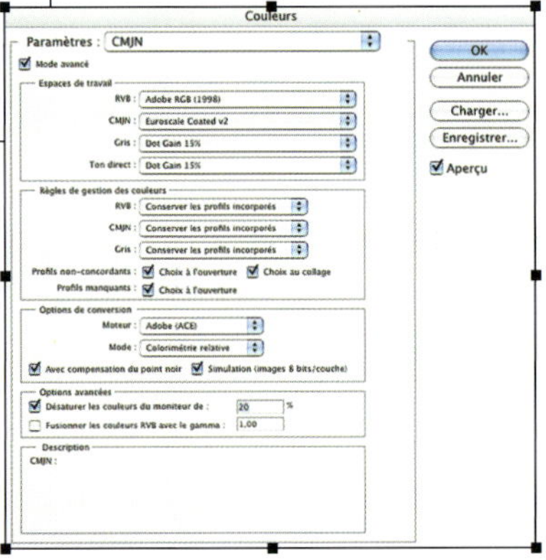

Pour que l'effet d'irisation sur la bouteille reste visible, la photo devait demeurer sous-exposée. Mais dans ces conditions, le sauternes perdait de sa couleur, ce qui ne plaisait pas au client.

J'effectue donc deux expositions sans bouger l'appareil ni les éclairages. Puis je transfère les fichiers de capture sur une station plus puissante, un G4 biprocesseur, muni d'un écran calibré avec une sonde Eye-One et d'une tablette graphique Wacom. Les deux fichiers sont ensuite développés en CMJN pour un espace de travail Euroscale Coated v2, avec les mêmes paramètres de densité, de température de couleur et bien sûr de cadrage.

Développement des images avec Capture One

Étape 2

Détourage et montage

Je superpose ensuite les deux vues sur un même fichier par un simple copier-coller.

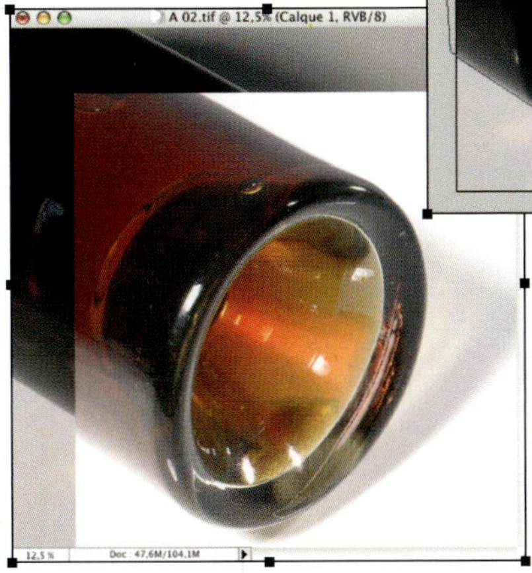

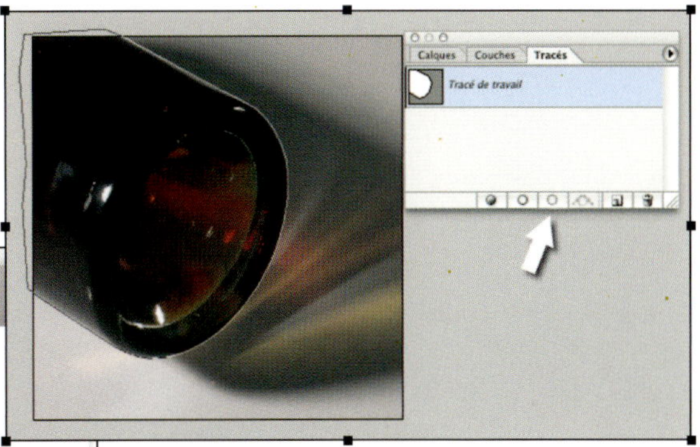

Une fois le détourage terminé, je transforme le tracé en sélection et applique un contour progressif de 1 pixel pour ne pas obtenir un contour trop net. Je reviens alors sur le calque de la photo B tout en gardant ma sélection et la transforme en masque de fusion via le menu Calque> Ajouter un masque de fusion>Faire apparaître la sélection.

J'affiche le magnétisme des limites du document pour m'aider à positionner exactement les deux vues l'une sur l'autre.

L'opération suivante consiste à isoler la bouteille avec l'outil Plume afin de créer un masque vectoriel : c'est en effet la meilleure solution pour effectuer un détourage propre. J'ai choisi d'opérer ma sélection sur la photo A (la plus sombre), car le fond et le liseré blanc de la bouteille se détachent mieux. Pour bien distinguer les contours du sujet, je masque le calque contenant la photo B.

Pour réutiliser plus tard cette sélection, je la mémorise comme couche Alpha 1 via le menu Sélection>Mémoriser la sélection>OK. Le montage à proprement parler est terminé. Je pourrais aplatir mon image, mais je préfère travailler sur plusieurs calques pour faciliter les réglages et les finitions. ■

Un autre (type de sélection serait plus approximatif
et pourrait « baver » à certains endroits.

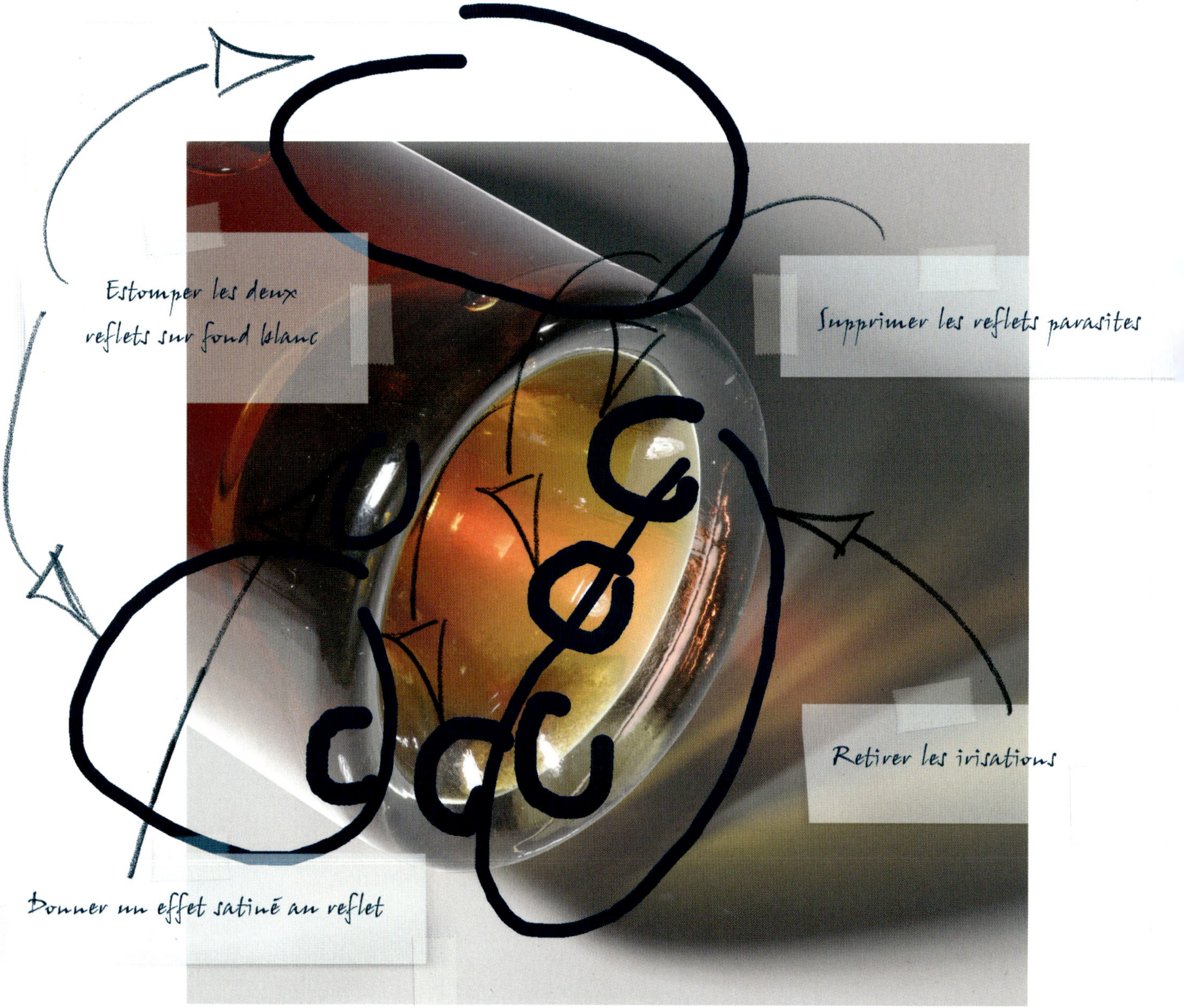
Estomper les deux reflets sur fond blanc
Supprimer les reflets parasites
Retirer les irisations
Donner un effet satiné au reflet

Étape 3

Nettoyage et retouche

Il faut maintenant nettoyer les imperfections de la bouteille et les reflets parasites. Pour cela, j'utilise les outils Correcteur et Tampon, réglés à 50 % d'opacité et 0 % de dureté. Le correcteur est l'outil le plus approprié pour atténuer un reflet, car il calcule une moyenne de la zone sélectionnée afin de mieux l'intégrer, et va estomper les reflets pour donner un effet satiné.

Je conseille de suivre horizontalement le sens du modelé de la bouteille pour effectuer ce type de nettoyage.

Pour éliminer les multiples points blancs résiduels, j'applique un filtre Antipoussière via le menu Filtres>Bruit>Antipoussière. Pour retirer les irisations parasites situées sur le cul de la bouteille, le tampon n'est pas adapté car la zone source est trop insuffisante : je manque de matière à dupliquer. J'effectue donc une sélection de la zone à corriger pour pouvoir travailler avec l'outil Pinceau. J'isole la partie centrale du fond de la bouteille à l'aide de l'ellipse de sélection, en utilisant des repères magnétisés pour positionner cette ellipse, puis je la transforme pour l'ajuster à mes besoins (via le menu Sélection>Transformer la sélection).

Je lui applique un contour progressif de 1 pixel et la mémorise comme couche Alpha 2. Je récupère ensuite la couche Alpha 1 (menu Sélection>Récupérer la sélection), puis lui soustrais Alpha 2. Je mémorise cette nouvelle sélection en Alpha 3.

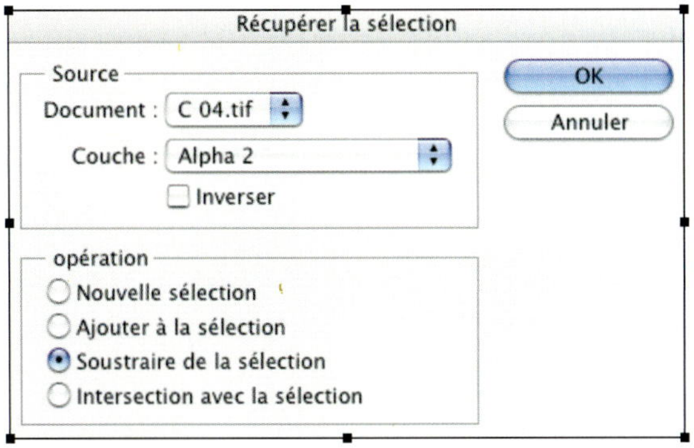

À l'aide de la pipette, je sélectionne la teinte adéquate, puis je peins avec l'outil Pinceau (opacité faible de 50 % et 0 % de dureté) la zone définie sur un nouveau calque de manière à pouvoir revenir dessus. Je profite de la sélection pour estomper les deux reflets du fond blanc dans la bouteille, grâce à l'outil Densité +, réglé sur les tons moyens et clairs. ■

Étape 4

Réglages pour l'offset

La préparation de l'image pour l'offset nécessite de travailler en quadrichromie, la plupart des imprimeurs avec lesquels j'ai collaboré préférant des fichiers CMJN avec un profil Euroscale Coated v2.

La couche des noirs permet de ne pas se retrouver avec un « voile numérique » (manque de noir, aspect laiteux de l'image).

Je passe sur le calque contenant le fond pour vérifier sa neutralité : j'affiche mes infos en couleurs Lab et clique sur la zone que je souhaite designer comme neutre avec l'outil Pipette. Pour être neutre, les paramètres *a* et *b* doivent être nuls ou très proches de zéro, *a* désignant l'axe vert (-*a*) rouge (+*a*), *b* l'axe bleu (-*b*) jaune (+*b*) et L, la luminosité. Des valeurs du type L=80 ; *a*=2 ; *b*=10 signifient que mon fond est légèrement chaud : je corrige donc pour me rapprocher d'une valeur x ; 0 ; 0. ■

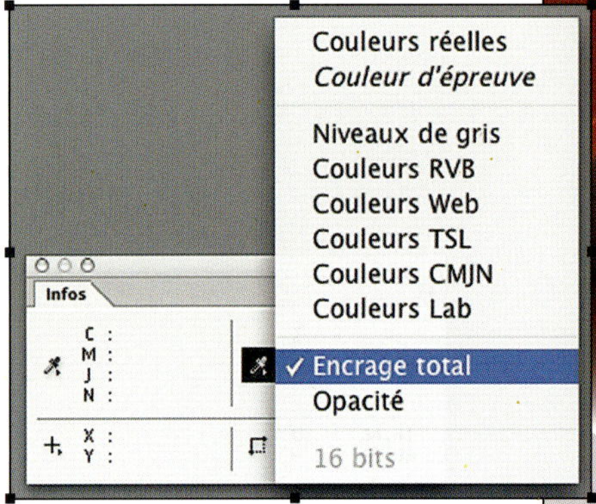

J'affiche la fenêtre des infos (Fenêtre> Infos), puis sélectionne le mode Encrage total. Pour obtenir un noir maximum, je règle cette couche pour atteindre une valeur de 350 % à 360 % sur le point le plus dense de l'image.

Je travaille séparément sur la bouteille et le fond en récupérant la sélection Alpha 1. Je crée un nouveau calque (via le menu Calque>Nouveau calque de réglage>Courbe), ainsi qu'un calque de réglage Teinte/Saturation.

Je travaille la densité et le contraste de la photo, tout en gardant une teinte de vin qui corresponde au sauternes et sans entraîner de bascules de couleur. En effet, contraster ou éclaircir une image en quadrichromie entraîne une bascule vers le cyan. Il faut donc compenser en ajoutant du rouge dans les valeurs sombres sur la courbe des cyans.

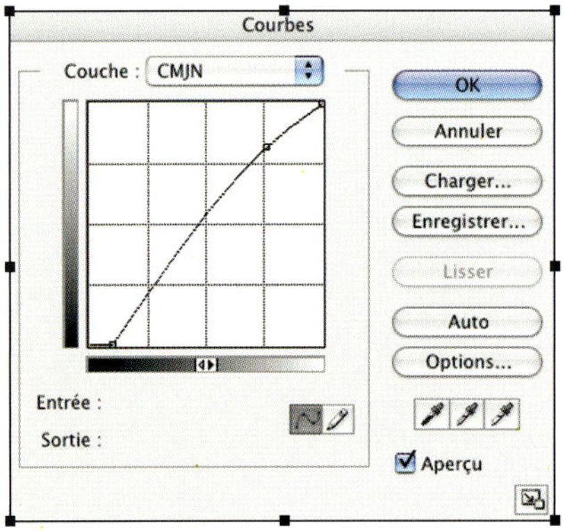

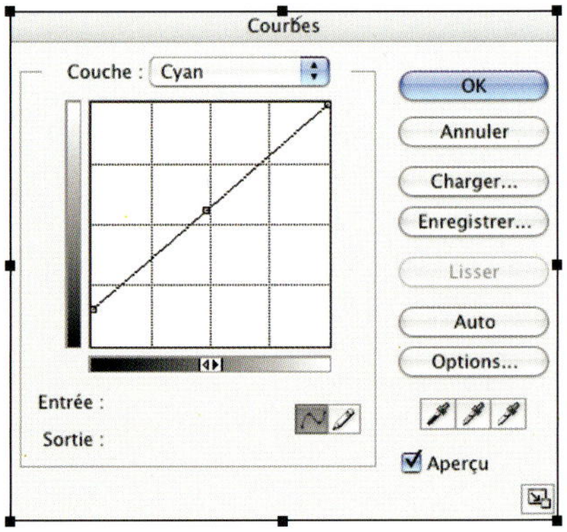

Étape 5

Finitions

J'observe maintenant mon image terminée en mode plein écran sur fond noir, pour ne pas être perturbé par d'autres éléments colorés.

Vous pouvez (masquer **toutes les palettes d'outils**
en utilisant la touche Tabulation de votre clavier Mac ou PC.

Je constate que la partie gauche de l'image gagnerait à être « fermée » pour renforcer la composition de la photo : en effet, la ligne directrice diagonale inférieure de la bouteille entraîne le regard vers l'extérieur du visuel. Pour bloquer cette diagonale, je vais ajouter un dégradé, en créant deux nouveaux calques sur lesquels je passe un dégradé de gris.

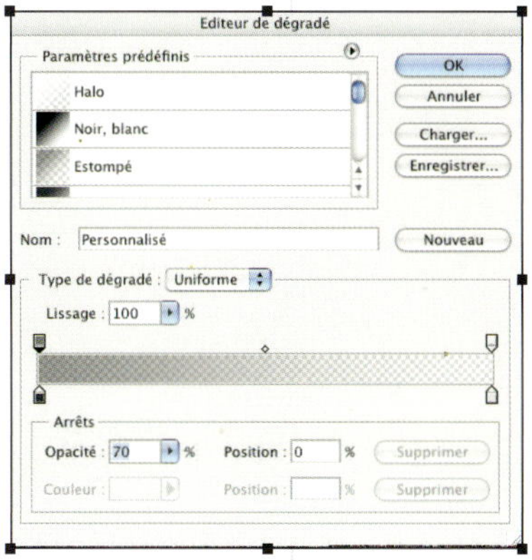

Je souhaite encore densifier la partie supérieure gauche de l'image : je pourrais appliquer un dégradé circulaire, mais préfère pouvoir définir l'opacité de chaque calque de dégradé.

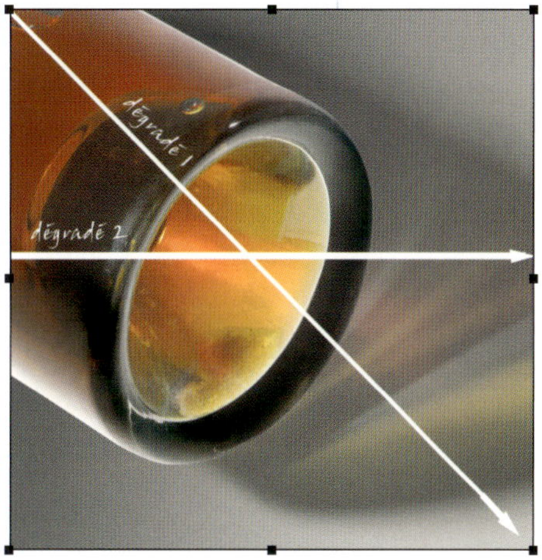

Création de deux dégradés allant de 80 % à 10 %

Je règle éventuellement l'opacité de chaque calque, puis affine mes réglages si besoin avec les calques de courbe et de Teinte/Saturation, ainsi qu'au moyen des outils Densité + ou –, avec une exposition de 10 % sur les tons qui m'intéressent. Je peux maintenant aplatir mon fichier (via le menu Calque>Aplatir l'image), effacer toutes les couches Alpha et Tracés, et enregistrer mon image, en cochant le profil ICC correspondant à l'espace de travail dans lequel j'ai travaillé.

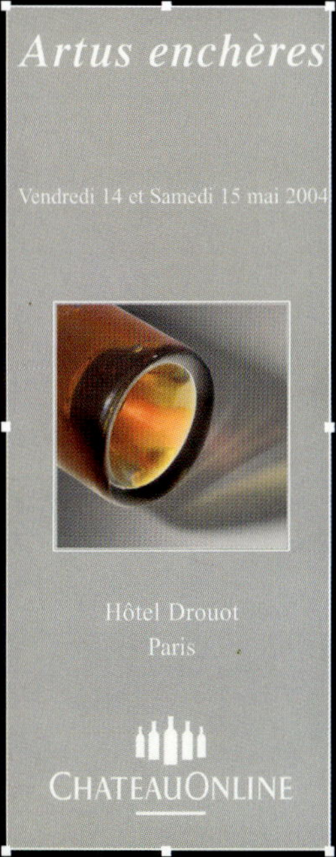

Couverture du catalogue

Photo finale

Photoshop est devenu un merveilleux outil de retouche photo pour le photographe : outre sa gestion des couleurs incomparable, il fait gagner un temps précieux à l'utilisateur par la puissance de ses fonctions. Parmi celles-ci, on a pu remarquer deux nouveautés de la version CS, à la fois pratiques et rapides à mettre en œuvre : le plug-in intégré Camera Raw et la nouvelle option Tons clairs/Tons foncés.

atelier 03

ARNAUD **FRICH**

Matériel utilisé

- Appareil photo numérique Olympus E1
- Zoom 11-22 à 11 mm (équivalent 22 mm en 24 x 36)
- Filtre polarisant
- PC Pentium 4C 3 GHz
- 2 Go de RAM
- 2 disques durs de 120 Go montés en RAID 0 et 1 disque dur externe de 160 Go
- 2 écrans iiyama 17 pouces calibrés
- Sonde d'écran Monaco Optix XR

Logiciels utilisés

- Photoshop CS
- Camera Raw 2.2

La Chèvre d'Or

Image finale

Le Relais & Châteaux de la Chèvre d'Or à Èze (Alpes-Maritimes) m'ayant demandé de réaliser un reportage photo pour leur plaquette commerciale, j'avais choisi un jour ensoleillé pour d'évidentes raisons esthétiques. Mais cette photo prise par grand soleil présentait un écart de contraste trop important (parties au soleil et parties à l'ombre) pour que le capteur de mon appareil numérique puisse tout enregistrer de manière équilibrée : une intervention ultérieure sur l'image était nécessaire. Heureusement, grâce aux capteurs numériques actuels, le post-traitement est grandement facilité par leur dynamique. En substance, si l'image paraît « bouchée » sans retouche, il est facile d'aller chercher de l'information en éclaircissant ces zones trop sombres à l'aide des outils Niveaux. Avec Photoshop CS, c'est devenu un jeu d'enfant.

Sur ce type de photo, le (travail du photographe numérique *consiste à éclaircir les parties dans l'ombre sans dénaturer le reste de l'image.*

Étape 1

La prise de vue

Lorsque je suis en reportage comme ici, je ne dispose pas toujours du temps suffisant pour résoudre un problème technique. Et prendre une scène si contrastée fait immanquablement partie de ces problèmes récurrents. J'aurais très bien pu prendre deux photos – une pour les hautes lumières et une autre pour les basses –, puis les mixer dans Photoshop, mais n'ayant pas pris de trépied, je devais opérer en une seule prise. Et là, une solution s'imposait : prendre ma photo au format RAW, et non directement en JPEG, afin d'obtenir une image comportant un maximum d'informations dans les hautes et basses lumières (puisque la photo est enregistrée en 12 bits et non en 8 bits comme en JPEG), puis la retravailler dans Photoshop.

Mon appareil photo, vu de dessus

> Quand on photographie en JPEG, si les hautes lumières sont « brûlées », c'est définitif. En format RAW, il est encore possible de récupérer de l'information dans les hautes et basses lumières. Cela nécessite un logiciel spécifique pour ouvrir l'image, mais le résultat est parfois très spectaculaire s'il s'agit de très bons capteurs. Il faut toujours garder cette info à l'esprit lorsqu'on photographie une scène contrastée.

Comme de plus en plus de photographes aujourd'hui, je prends mes photos en format propriétaire (format RAW) : on a coutume de dire qu'il s'agit de notre négatif numérique. C'est en effet un fichier enregistré avec un maximum de dynamique sur lequel il est plus facile de faire des retouches de qualité. Mais contrairement à une image JPEG, une image RAW n'est pas lisible en l'état : il faut la « développer » avec un logiciel qui reconnaît ce fichier. Or chaque marque d'appareils photos numériques possède le sien. Quelques logiciels comme Capture One et Camera Raw de Photoshop sont heureusement capables de lire de nombreux formats RAW. Grâce à Camera Raw, je pourrais donc retravailler ma photo et rendre les hautes lumières correctement. Le nouvel outil Tons clairs/Tons foncés de Photoshop CS me permettra ensuite de sélectionner automatiquement les zones foncées et de faire varier cette sélection pour n'éclaircir très précisément que ces fameuses zones sombres.

Avant et après développement RAW

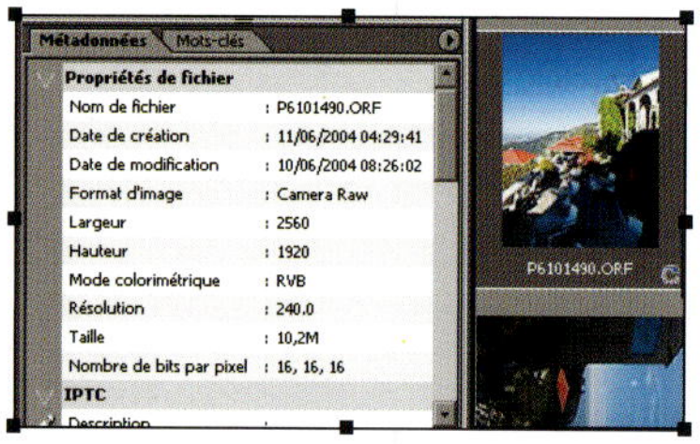

Quand une photo est prise en (RAW,

on dit qu'elle est brute de capteur.

Étape 2

Camera Raw

Avant de commencer à « développer » ma photo, je prends le soin de calibrer mon écran avec ma sonde Monaco Optix XR et de bien choisir mon espace de travail dans Photoshop pour une bonne gestion des couleurs. Plutôt que de conserver l'espace Adobe 98, je préfère utiliser le profil ECIRGB, plus adapté à l'impression offset, que j'ai téléchargé sur Internet.

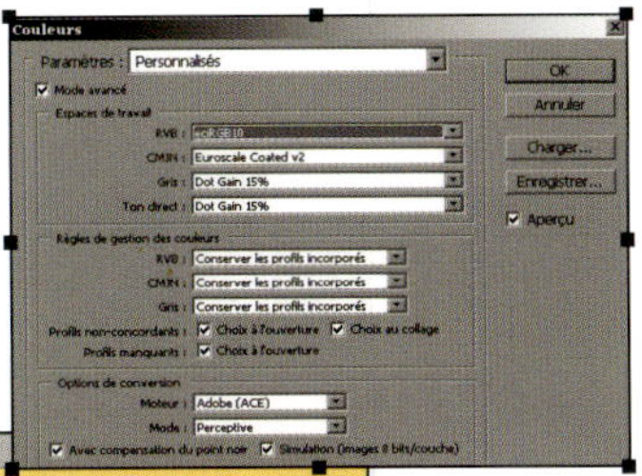

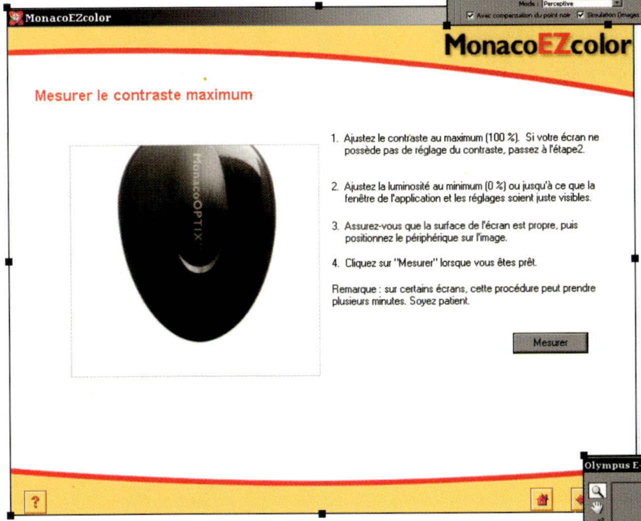

Camera Raw est un plug-in de Photoshop qui était téléchargeable pour la version 7 et qui est intégré à la dernière version CS. Si l'on souhaite ouvrir une image RAW et que Photoshop CS reconnaît le type dans sa base de données, il ouvrira CR directement.
Il n'y a pas de menu à dérouler comme avec d'autres plug-ins.

Camera Raw me permet d'ouvrir l'image en 8 ou en 16 bits. Comme je prévois un travail important sur les niveaux, je choisis d'ouvrir ma photo en 16 bits, ce qui me permettra de minimiser les pertes sur celle-ci et de voir apparaître les fameux peignes sur les histogrammes après plusieurs retouches. Je choisis cette fois Adobe 98 comme espace colorimétrique, car je vais travailler mon image en vue de son impression dans un livre. Quand il s'agit d'une image destinée à mon site Internet, je choisis directement le profil sRGB. Mais comme il s'agit ici d'obtenir la meilleure qualité possible, je préfère travailler dans l'espace le plus vaste. Notez que si j'avais pu choisir directement ECIRGB dans le menu déroulant, cela m'aurait évité la conversion Adobe 98 vers ECIRGB quand je vais ouvrir l'image dans Photoshop… ■

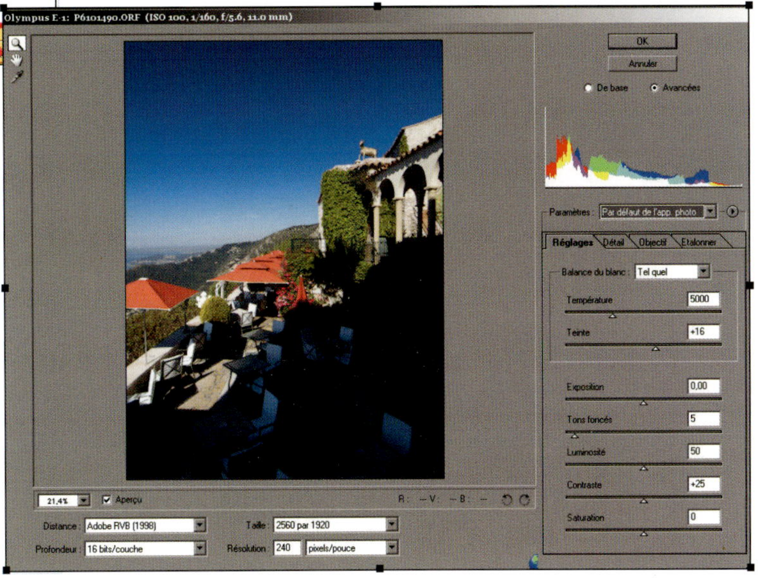

Étape 3

L'exposition

Dans mon image ouverte dans Camera Raw, je clique sur le menu Options Avancées, situé à droite : quatre onglets de réglages apparaissent. L'onglet nommé Réglages permet de corriger l'exposition et la température de couleur de ma photo. Comme je fixe déjà souvent par moi-même la température de couleur de mon appareil, ici sur lumière du jour, j'ai rarement besoin de retoucher au curseur de température de couleurs.

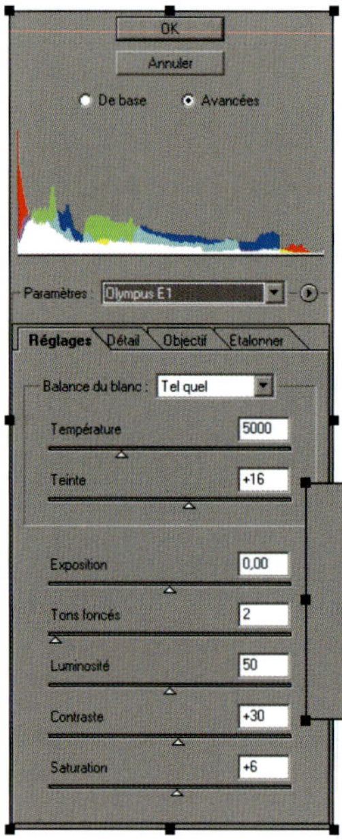

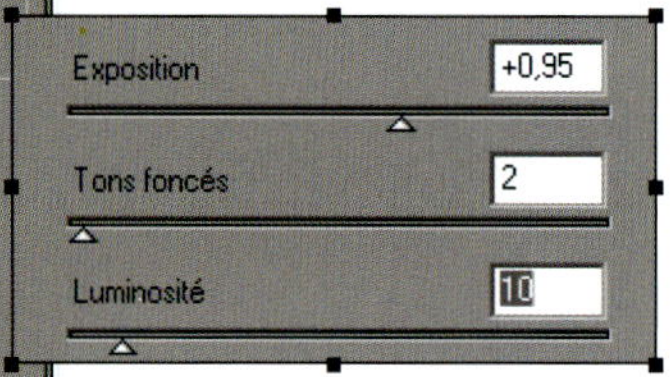

Dans cet onglet Réglages figure également le curseur Exposition qui permet d'éclaircir ou d'assombrir l'ensemble de la photo. Il ne faut pas hésiter à déplacer ce curseur et celui des hautes lumières, appelé Luminosité : il est parfois impressionnant de constater à quel point des lumières qui semblaient « cramées » en format JPEG sont en fait rattrapables dans Camera Raw. Mais si on réduit un peu la luminosité des hautes lumières (enregistrées dans l'image brute) pour leur redonner un peu de matière, cela a également une incidence sur la luminosité générale de la photo. Éclaircir un peu l'image est donc souvent une opération nécessaire pour compenser la perte de luminosité. Je décide aussi de corriger un peu le manque naturel du contraste des capteurs CCD ou CMOS, en déplaçant le curseur de contraste à +5 et celui de saturation à +3.

Avec un (beau fichier brut

et un appareil photo numérique performant, on peut aujourd'hui corriger une image de manière spectaculaire.

Sur un fichier RAW, on peut souvent « récupérer un ou deux diaphragmes » au développement sans pour autant nuire à la qualité de la photo. J'utilise parfois cette possibilité en sous-exposant volontairement ma photo à la prise de vue pour conserver une faible sensibilité ISO.

Étape 4

Accentuation et chromatisme

L'onglet Détail du menu Options avancées permet quant à lui d'accentuer l'image et de travailler sur le bruit. Je ne touche pas au curseur Netteté, préférant accentuer mon image directement dans Photoshop puisqu'on peut jouer sur trois paramètres (gain, rayon et seuil) et non sur un seul comme ici. En revanche, j'utilise allègrement les deux autres curseurs (Lissage de la luminance et Réduire bruit de la couleur) pour corriger le bruit de mes photos. Dans tous les cas, je ne laisse jamais les paramètres par défaut, car ceux-ci me semblent bien étranges. Pour des images peu bruitées comme ici, puisque j'ai pris ma photo à 100 ISO, je place le curseur Lissage sur 15 : la correction apportée est ainsi très légère. À l'inverse, quand il s'agit d'éliminer plus drastiquement le bruit, je n'hésite pas à déplacer ce curseur beaucoup plus vers la droite. Quant au dernier curseur Bruit, je trouve son réglage par défaut bien surprenant, puisqu'il désature les images – du moins de mon Olympus E1 – dans les bruns ! Je place donc ce curseur le plus souvent possible à 0.

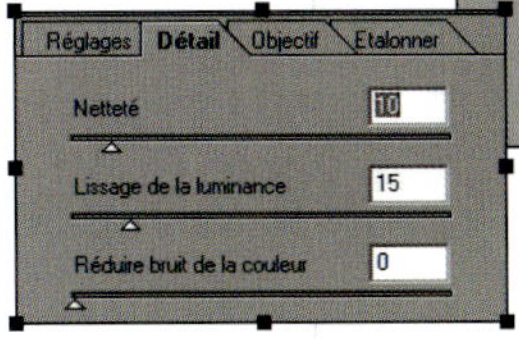

Notez que le chromatisme est une valeur constante pour une focale donnée. J'enregistre donc les paramètres du chromatisme pour chaque objectif afin de gagner un peu de temps.

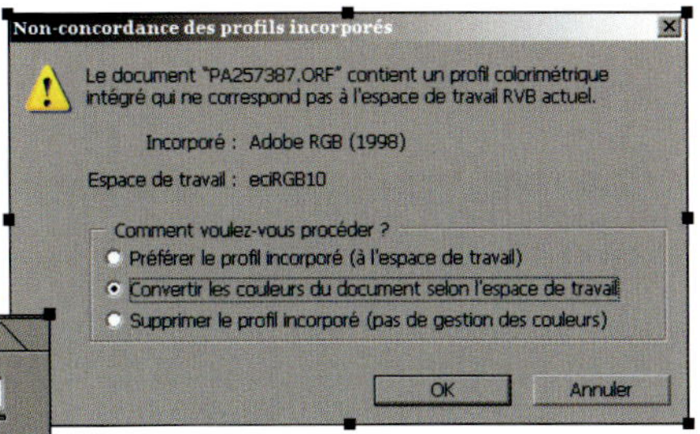

Si j'utilise rarement, voire jamais, l'onglet Étalonner du menu Options avancées, je considère l'onglet Objectif bien utile, car il permet de corriger le vignettage et le chromatisme de mes photos. Ici, lors de la prise de vue, je voulais beaucoup de profondeur de champ et j'ai donc fermé mon diaphragme, si bien que je n'ai pas de problème de vignettage sur ma photo. Mais lorsque je travaille à pleine ouverture, Camera Raw retrouve tout son sens car, quel que soit le diaphragme employé, il reste souvent du chromatisme sur les photographies, surtout prises au grand angle. Pour le corriger, je zoome à 200 % mon image et observe ce qui se passe avec les franges colorées lorsque je déplace les deux curseurs R/C et B/J.

Il ne reste plus qu'à cliquer sur OK et à attendre quelques secondes que le logiciel traite mon image et l'ouvre dans Photoshop, non sans m'avoir demandé auparavant ce que je souhaite faire du profil attribué, ici Adobe 98. Je convertis alors mon image dans l'espace de travail, à savoir ECIRGB.

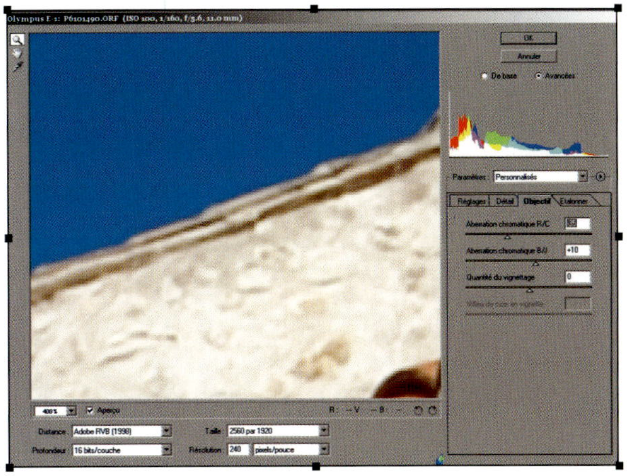

Étape 5

Les niveaux

Mon image possède maintenant un bel aspect, mais elle est encore loin d'être, sinon parfaite, en tout cas fidèle à ce que je souhaite. Je vais d'abord commencer par retoucher le niveau global de ma photo sur mon écran fraîchement calibré avec ma sonde Monaco Optix. À noter que CS est la seule version de Photoshop permettant de réaliser cette opération sur des images en 16 bits au moyen des calques de réglage.

Désormais utilisables en 16 bits, les calques de réglage sont très pratiques pour revenir ultérieurement sur un niveau, une balance des couleurs, un filtre photo...

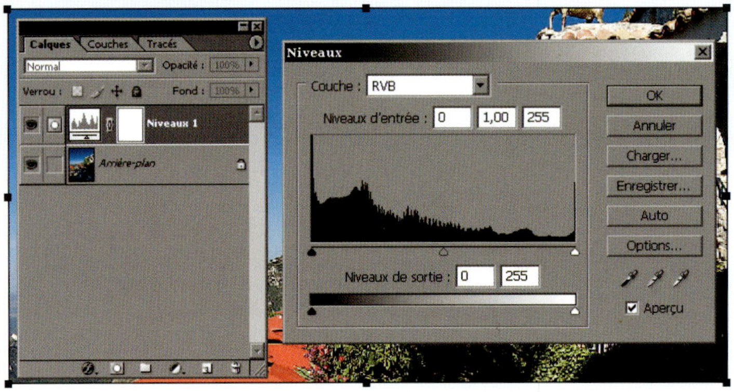

Puis j'observe mon image avec minutie, en m'aidant aussi de la pipette (sélection sur 3 x 3) et de la palette Info ouverte. Grâce au bi-écran, je peux ainsi regrouper toutes les palettes sur l'écran de droite, sans être obligé d'en supprimer quelques-unes, faute de place. Je remarque que les hautes lumières sont bien placées, donc non brûlées, puisqu'elles demeurent toujours à des valeurs inférieures à 250. Même constat pour les valeurs moyennes. Le travail dans Camera Raw a donc été effectué correctement. D'une manière générale, le développement des fichiers RAW offre en effet des histogrammes très bien distribués quand on ouvre l'image dans Photoshop.

Enfin, pour renforcer l'intensité du bleu du ciel provençal, j'utilise l'outil Baguette magique avec une sélection de 40, quitte à m'y reprendre à plusieurs reprises en veillant à enfoncer la touche Maj pour que mes sélections s'additionnent. Pour peaufiner ma sélection, je la dilate d'un pixel grâce au menu Sélection>Modifier>Dilater, afin de ne pas marquer la séparation entre le ciel et la terre. Ceci fait, j'ouvre un nouveau calque de réglage Niveaux – qui tient compte de ma sélection –, puis je l'assombris en déplaçant le curseur du milieu vers la droite.

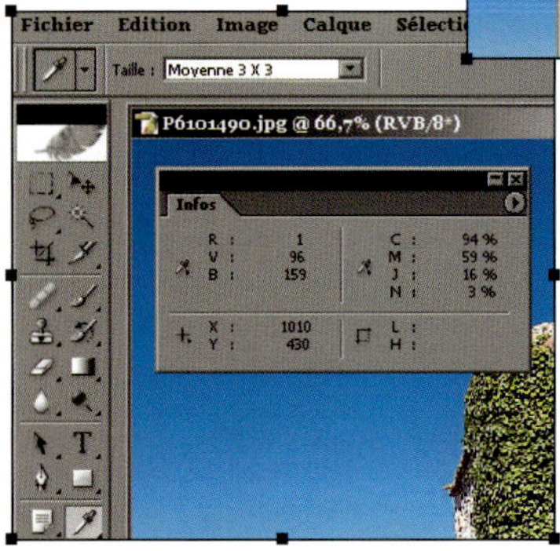

Étape 6

Tons clairs/Tons foncés

Apparue avec la version CS de Photoshop, la nouvelle fonction Tons clairs/Tons foncés permet d'éclaircir ou d'assombrir les basses et les hautes lumières, via le menu Image>Réglages> Tons clairs/Tons foncés. Il n'est pas nécessaire d'opérer une sélection préalable sur l'image : cette opération est maintenant automatique, tout en étant paramétrable grâce aux curseurs du menu. C'est impressionnant d'efficacité et de rendement. Comme j'ai utilisé Camera Raw pour développer ma photo, les hautes lumières sont bien « placées » : ni trop sombres, ni trop claires et parfaitement imprimables. Je vais donc m'intéresser aux curseurs des tons foncés pour déboucher les ombres de ma photo.

Le moins que l'on puisse dire, c'est que les réglages par défaut (50, 50, 0) de ces curseurs sont vraiment très exagérés ! Pas une seule fois je n'ai trouvé ces réglages convenables : je les reprends donc systématiquement. Ici, je vais éclaircir un peu les zones sombres de la photo, puisque je les avais légèrement sous-exposées à la prise de vue pour ne pas surexposer les hautes lumières. J'utilise souvent un facteur de 10 à 20 comme ici, une gamme de tons (qui agrandit ou rétrécit la zone de sélection à des tons plus ou moins foncés) vers 30 et un rayon à 80, ce dernier augmentant un peu le contraste local des zones sombres. Bien évidemment, il faut faire des essais sur chaque image, que l'on peut facilement visualiser en cochant l'option Aperçu. Ma photo ainsi retouchée a retrouvé l'équilibre que je cherchais : celui que mon capteur avait bien enregistré. ■

Avant et après application du filtre Tons clairs/Tons foncés

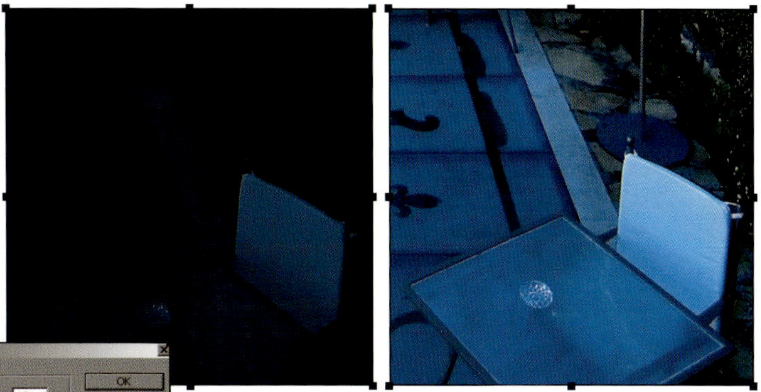

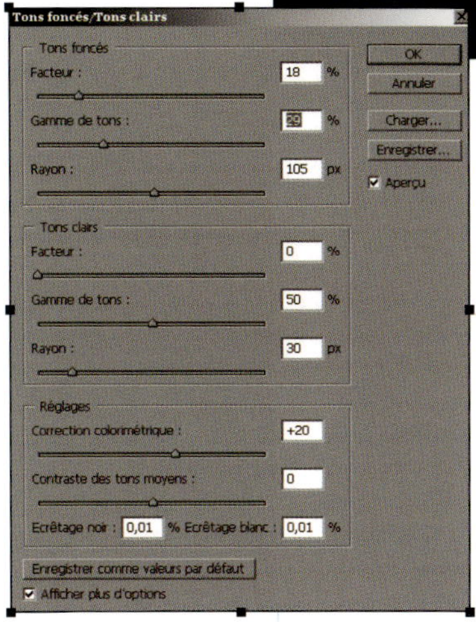

Il faut cliquer sur la case Plus d'options pour avoir accès à tous les réglages de l'outil.

Pour ne pas dénaturer votre image, n'utilisez pas des valeurs de facteurs trop grandes. Les zones sombres doivent tout de même rester sombres !

Étape 7

Les retouches

Lorsque je photographie comme ici la partie extérieure d'un hôtel, j'essaye de travailler vite pour gêner le moins possible la clientèle. Du coup, je ne prends pas systématiquement le temps de mettre en scène ma photographie. Sur cette photo, seule me choquait la position du cendrier sur la table au premier plan, à droite. J'avais deux options : soit je courais le déplacer, soit – et c'est ce que j'ai décidé de faire –, je prenais la photo en sachant que je le déplacerai ensuite dans Photoshop. Rien de plus facile avec les deux outils Tampon S et Correcteur J. Pour ne pas y passer trop de temps, il faut simplement bien s'assurer que l'objet à déplacer ne se trouve pas sur un fond complexe. Ici, je savais qu'avec l'outil Correcteur, ce serait l'affaire de deux clics de souris.

Ici, j'utilise l'outil Pièce de l'outil Correcteur, car il sert à prendre de la matière sur une zone et à la déplacer sur une autre, mais tout en la fondant dans l'environnement, contrairement à l'outil Tampon. Ainsi, les zones de transition ne sont plus visibles. Je réserve plutôt le tampon aux petites retouches de détails par-ci par-là, en les effectuant généralement à un agrandissement de 200 %.

Grâce à son système antipoussières très efficace (par infrasons), l'Olympus E1 m'épargne de longues retouches quand je reviens d'un reportage de plusieurs jours.

À l'aide de l'outil Pièce, j'effectue donc une sélection qui entoure assez largement le cendrier. Il ne reste plus qu'à le placer par un simple glisser/déposer là où il aurait dû être. Sans retouche supplémentaire, le résultat est parfait pour l'impression ! ■

Avant

Après

Étape 8

Les finitions

Mon travail de retouche terminé, je dois encore préparer ma photo en vue de son impression dans la plaquette. Ma photo ayant été retouchée dans mon espace de travail, ECIRGB, je dois la convertir dans l'espace d'impression de l'imprimante offset. Mais malheureusement, je ne possède pas ce profil. Quand je vais enregistrer cette photo pour l'envoyer au photograveur, je veillerai donc bien à la « taguer » avec mon profil de travail, pour qu'il puisse l'afficher correctement sur son écran et la convertir avec son profil d'impression.

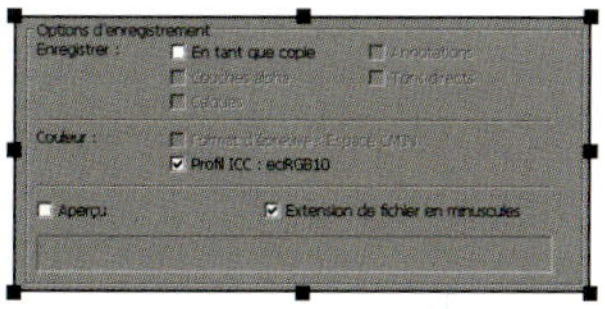

Une image brute de capteur est souvent un peu « molle ». C'est l'une des raisons pour lesquelles les appareils photo numériques proposent un menu Netteté. Cependant, je préfère, et de loin, accentuer mon image dans Photoshop, car je peux régler les paramètres d'accentuation de manière plus fine. Il est en effet possible d'agir sur trois critères : le gain, le rayon et le seuil. Or, autant il est aisé de visualiser l'accentuation d'une photo destinée à la diffusion sur Internet (puisqu'il n'y a qu'à regarder son écran), autant cela devient plus délicat dans le cas d'une impression offset. Grâce à la lecture attentive de certains articles et à ma propre expérience, je sais maintenant comment procéder.

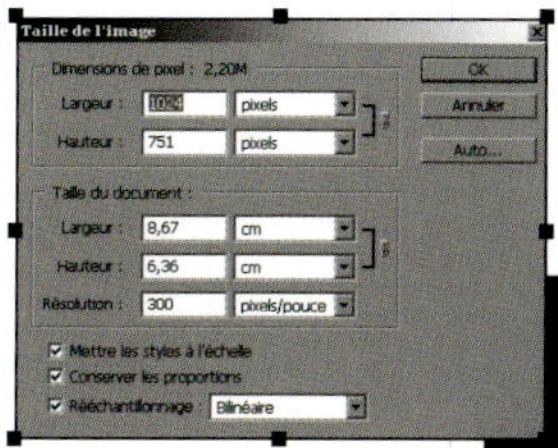

Quand je réduis la taille d'une image, je choisis de préférence le mode Bilinéaire, même si ce n'est pas systématique.

Tout d'abord, je rééchantillonne ma photo à la taille souhaitée en fixant une résolution de 300 dpi (via le menu Image>Taille de l'image). Ma photo a maintenant la taille idéale mais elle est loin d'être nette. Je vais alors appliquer l'accentuation finale, celle adaptée à une impression offset. Pour cela, je la visualise à 50 % et j'ouvre le menu Filtres>Renforcement>Accentuation. Cette fois-ci, après avoir choisi un rayon de 0,5 et un seuil toujours de 2, je déplace le curseur de rayon jusqu'à ce que l'image me paraisse bien nette, bien « croustillante » à l'écran. Ma photo est maintenant prête à être imprimée... ■

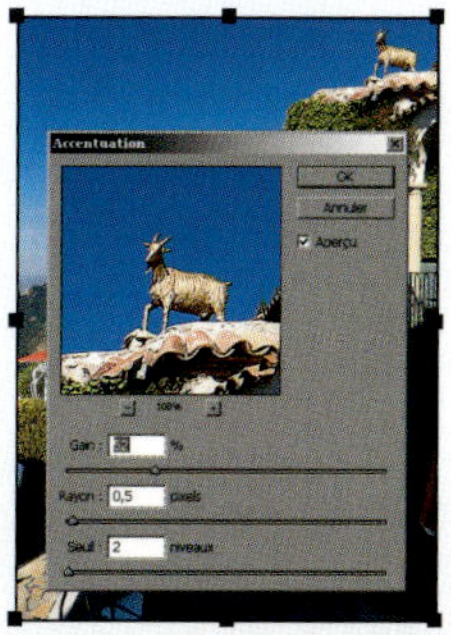

Lors de l'accentuation définitive, il ne faut pas regarder l'image affichée à 100 % dans la fenêtre d'accentuation, car pour le coup, elle semble vraiment trop accentuée !

Avant l'informatique, les photos d'architecture nécessitaient souvent l'utilisation d'une chambre ou d'appareils équipés d'objectifs spécifiques. Mais ces derniers possédaient des angles de champ trop restreints. Désormais, on peut travailler avec des appareils munis d'objectifs suffisamment grands angulaires, puisque les déformations de l'image sont corrigées à l'aide d'un logiciel de retouche numérique.

atelier 04

GILLES **GUÉRIN**

Matériel utilisé

- Mamiya 645
- Scanner Frontier
- PC 1 GHz
- 500 Mo de RAM
- 20 Go de disque dur

Logiciel utilisé

- Photoshop CS

Chambre d'hôtel

Image finale

Le hall suite hôtel de charme Les Jardins du Marais ★★★★ à Paris m'avait demandé de prendre des photos de leurs chambres et suites. La prise de vue en plongée a donné une image présentant une impression de déformation, qu'il m'a fallu corriger dans Photoshop. Mais pour redresser la photo et la cadrer convenablement, il m'a fallu créer un morceau d'image qui faisait défaut. D'autres retouches ont été nécessaires : la position du tableau à rectifier, le radiateur à supprimer (puisqu'il devait être enlevé ultérieurement), tout comme les tuyaux courant le long des murs. La suppression du radiateur a été particulièrement délicate car il se trouvait éclairé par une source de lumière très proche, et donc d'intensité graduelle. Enfin, pour parfaire l'image, j'ai dû « déboucher » légèrement les ombres.

Le redressement d'une (image dans Photoshop *peut être comparé à l'action de la fonction de décentrement d'une chambre noire.*

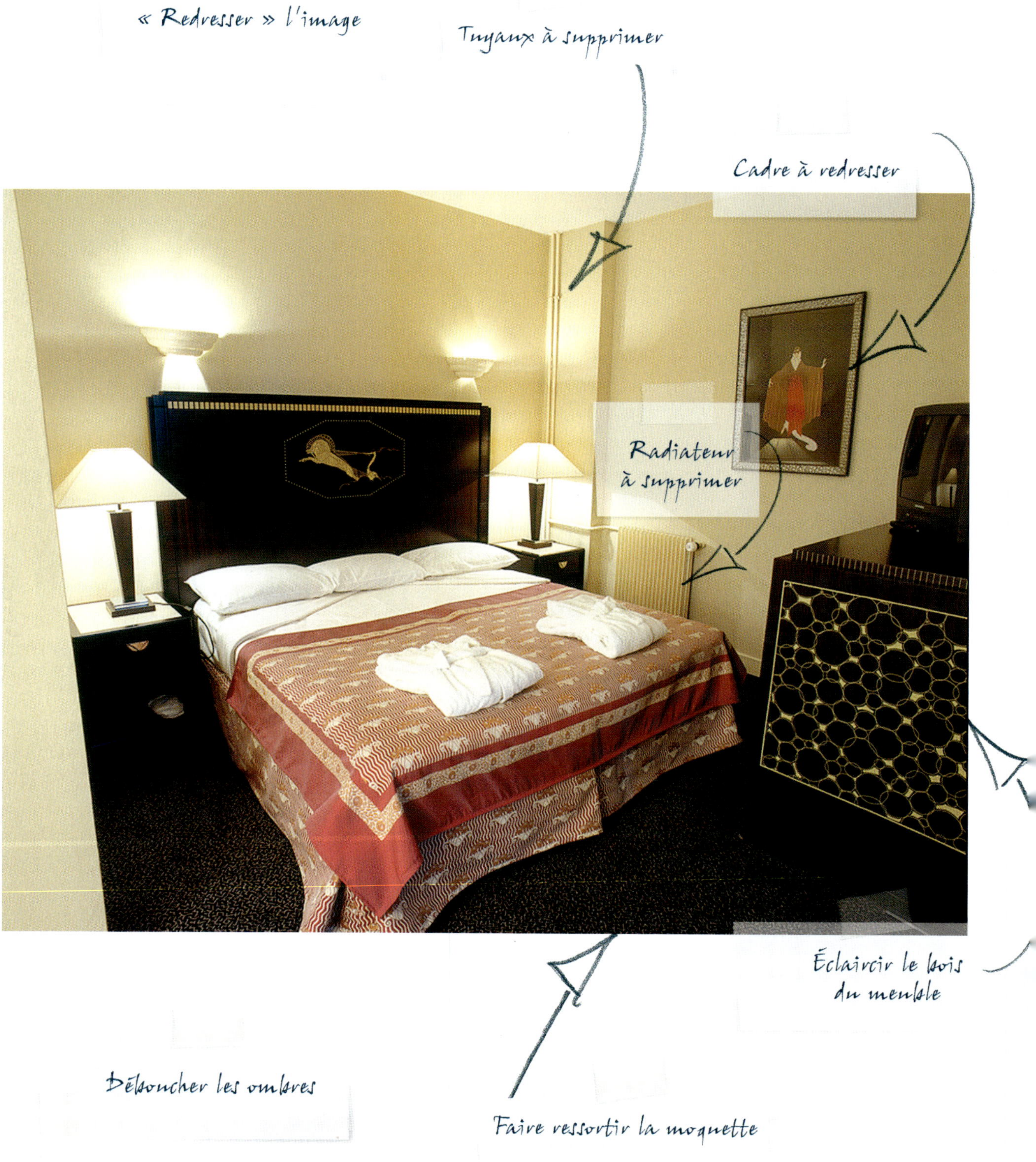
« Redresser » l'image
Tuyaux à supprimer
Cadre à redresser
Radiateur à supprimer
Éclaircir le bois du meuble
Déboucher les ombres
Faire ressortir la moquette

Étape 1

Redressement de l'image

Pour redresser l'image, je vais utiliser la fonction Transformation qui permet de modifier une forme composée de pixels non transparents d'un calque. Cette fonction n'étant pas applicable à un fond, je commence donc par transformer le fond de mon image en calque, via le menu Calque>Nouveau>Arrière-plan d'après un calque. Puis, pour pouvoir régler précisément la verticalité des lignes, je crée une grille via le menu Affichage>Afficher>Grille. Je fixe la couleur et le nombre de lignes de cette grille pour qu'elle soit le plus lisible possible (via Édition> Préférences>Repères, grille et tranches). La taille d'impression de l'image étant de 18 cm x 24 cm, je choisis de paramétrer la grille avec une ligne tous les 2 cm.

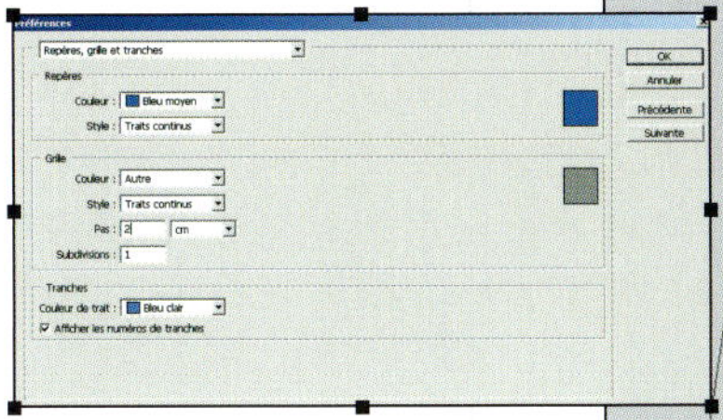

Je dose les déplacements des poignées en haut et en bas de manière sensiblement identique pour obtenir les proportions voulues. J'applique ensuite la transformation en cliquant sur la coche située dans la partie droite de la barre d'options. J'obtiens alors une image que je recadre au moyen de l'outil Recadrage, de manière à faire disparaître les parties transparentes.

On peut modifier la taille d'impression sans « rééchantillonner ». Il suffit de décocher la case Rééchantillonnage : c'est alors la résolution (et non le nombre de pixels) qui s'ajuste en fonction de cette taille et du nombre de pixels composant l'image.

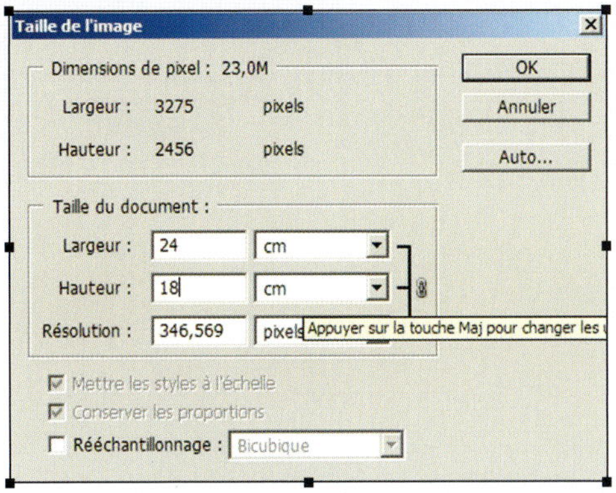

Visuellement, l'image résultante est correcte, mais laisse apparaître deux défauts qu'il va falloir corriger : lors du recadrage, la partie droite supérieure de l'image a été tronquée, et le tableau est maintenant légèrement de travers.

Étape 2

Ajout de matière

Pour une meilleure précision et obtenir une retouche « invisible », j'ai préféré ne pas utiliser le tampon, l'outil Pièce étant par ailleurs inopérant sur une partie transparente.

Pour que le poste de télévision soit suffisamment visible sur l'image, j'ai dû choisir un cadrage qui a amputé une petite portion de la photo : il faut donc que je la reconstitue. Pour ce faire, je vais sélectionner et copier sur un calque une parcelle du mur au voisinage de la partie transparente.
Je commence par effectuer une sélection grossière de cette partie transparente à l'aide du lasso polygonal.

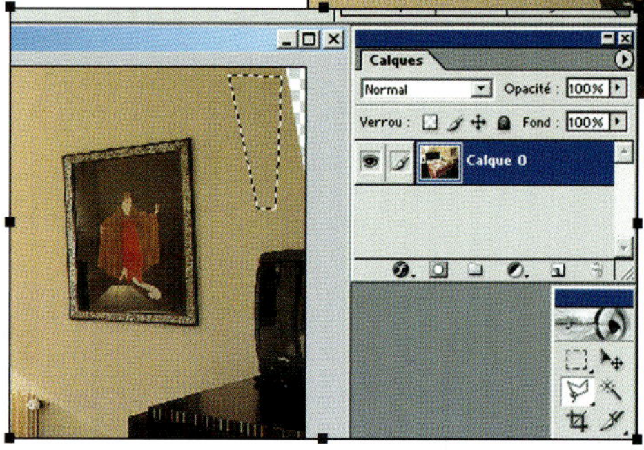

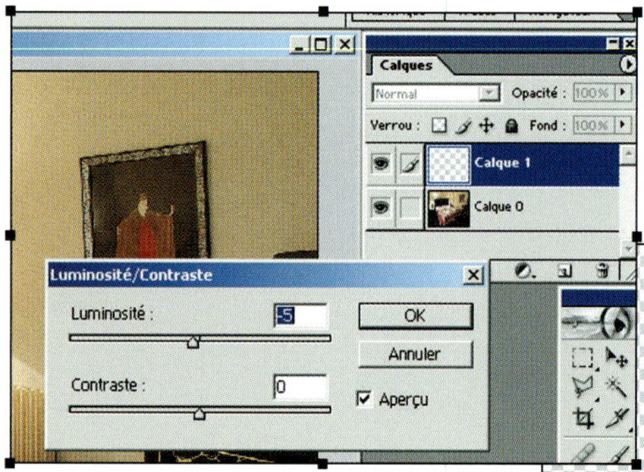

Je déplace ensuite le contour de sélection sur une partie du mur voisine de la partie transparente. Puis, par un copier-coller, je duplique la partie sélectionnée sur un nouveau calque situé au-dessus du précédent. Je déplace alors ce calque à l'aide de l'outil Déplaceur de façon à masquer la partie transparente. Mais comme la partie d'image reproduite ne possède pas la densité requise à cet endroit, je la rectifie à l'aide de la commande Luminosité/Contraste. J'estompe le contour au moyen de la gomme et d'une forme à contour progressif. Pour finir, j'aplatis l'image. ■

Étape 3

Rotation du tableau

Je constate aussi que sur l'image redressée, le cadre de la lithographie est légèrement de travers, ce que me confirme un repère positionné à proximité du côté gauche du tableau.

Effectuer une rotation simple du cadre laisserait apparaître de part et d'autre l'image précédente : il me faut donc procéder autrement. Je copie tout d'abord l'image du tableau sur un nouveau calque, en sélectionnant le tableau à l'aide de l'outil Lasso polygonal, avec un contour progressif de 1 pixel.

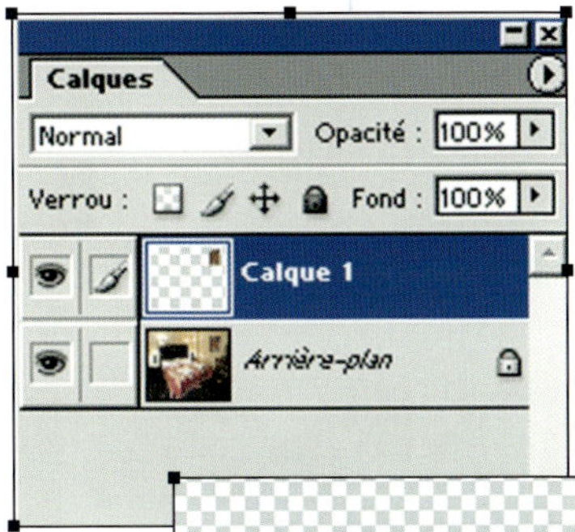

Au lieu d'utiliser le (lasso polygonal, *j'aurais pu tout aussi bien employer le tracé.*

Je crée ensuite un repère (via Affichage> Nouveau repère) et fais pivoter l'image grâce à la fonction Rotation (via Édition>Transformation>Rotation), de telle sorte que les bords droits et gauches du tableau soient verticaux.

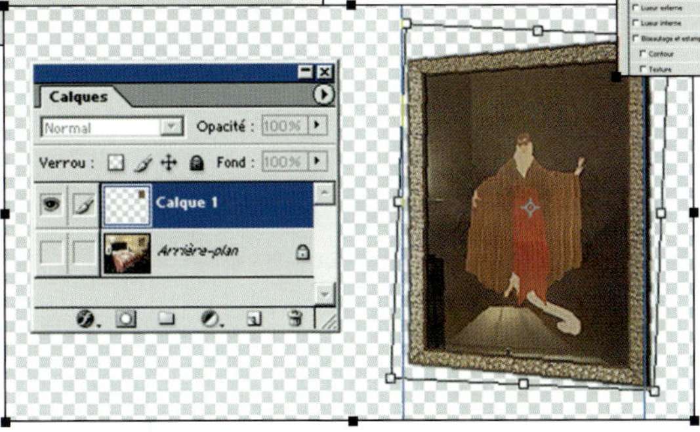

Puis j'enlève les parties non souhaitées de l'image sur le fond à l'aide du tampon, et recrée une légère ombre à l'aide de la commande Ombre portée, via le menu Calque>Style de calque>Ombre portée. Enfin, j'aplatis de nouveau mon image pour ne pas conserver un nombre de calques trop important. ■

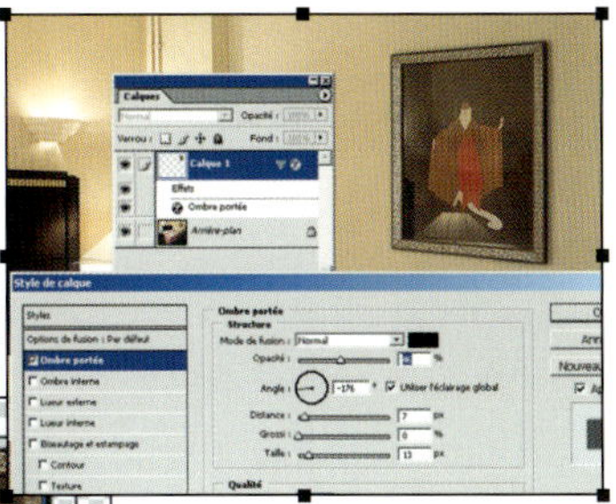

À la place du repère que j'ai créé, j'aurais pu également afficher la grille pour m'aider à redresser le tableau.

Étape 4

Suppression des tuyaux

Les tuyaux situés au-dessus de l'abat-jour sont les plus faciles à supprimer : il suffit d'utiliser le tampon après avoir sélectionné la zone à retoucher avec le lasso. Pour ceux qui sont éclairés par l'abat-jour, l'opération est un peu plus délicate : je vais découper la portion de mur concernée, la retourner, puis l'étirer pour la coller à droite afin de masquer les tuyaux. Je commence donc par transformer le fond en calque. La sélection de la portion à remplacer demandant la plus grande précision et l'image étant très lumineuse à cet endroit, je diminue provisoirement la luminosité à l'aide d'un calque de réglage Luminosité/Contraste.

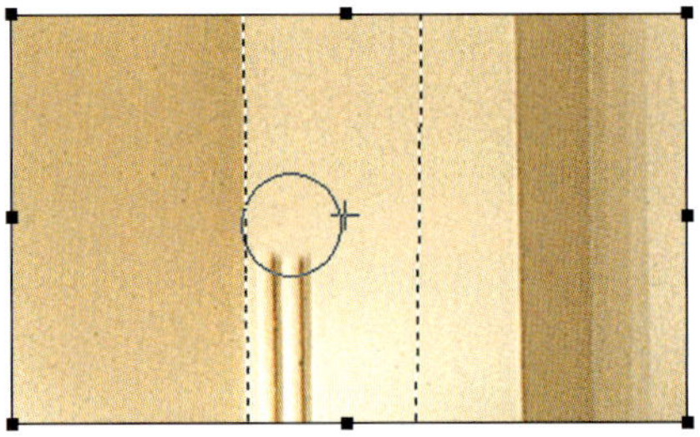

Je réalise ensuite un tracé avec la plume. Après avoir converti le tracé en sélection et activé le calque de l'image, je supprime la partie correspondante. La partie gauche étant grossièrement sélectionnée, je la copie sur un calque, puis la retourne (via Édition>Transformation>Symétrie axe horizontal).

J'inverse l'ordre des calques et déplace celui contenant la petite partie. Je la transforme au mieux à l'aide de la commande Édition> Transformation manuelle.

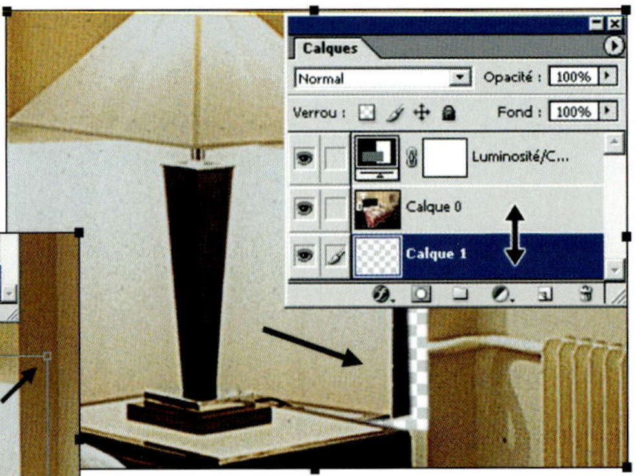

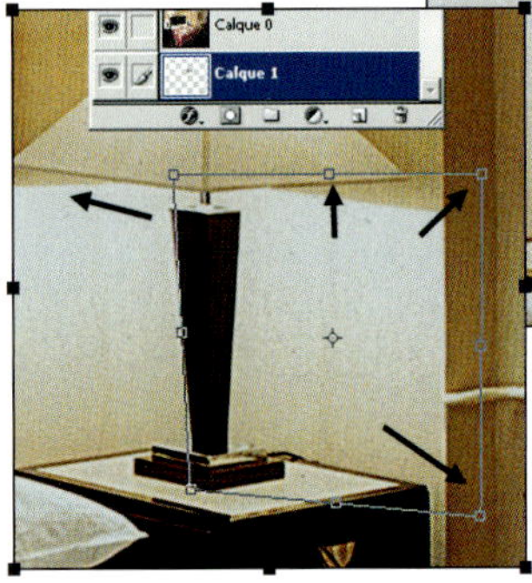

Après avoir soigneusement vérifié le résultat et masqué le calque de réglage, j'aplatis l'image.

Veillez à confirmer l'option Supprimer les calques masqués, pour que la commande Luminosité/Contraste ne soit pas appliquée à l'image finale.

Étape 4

Il me reste à supprimer la portion de tuyau située dans le décrochement du mur, juste à côté du radiateur. Ici, l'utilisation du tampon ou du correcteur n'est pas adaptée, car cette portion est éclairée de manière graduelle. J'ai recours à une méthode équivalente à la précédente, mais en « rapiéçant » l'image par le dessus. Au lieu d'utiliser l'outil Pièce qui serait moins précis, je vais découper un morceau d'image au voisinage de la zone incriminée pour la coller dessus.

Je sélectionne à l'aide du lasso (à 1 pixel) une zone voisine de celle à retoucher, l'image étant suffisamment agrandie (à 450 %) pour visualiser les pixels. La partie sélectionnée suit précisément l'arête du mur, dépassant en largeur la limite ombre/lumière à droite. Elle débordera largement en hauteur au-dessus et en dessous des tuyaux après son déplacement.

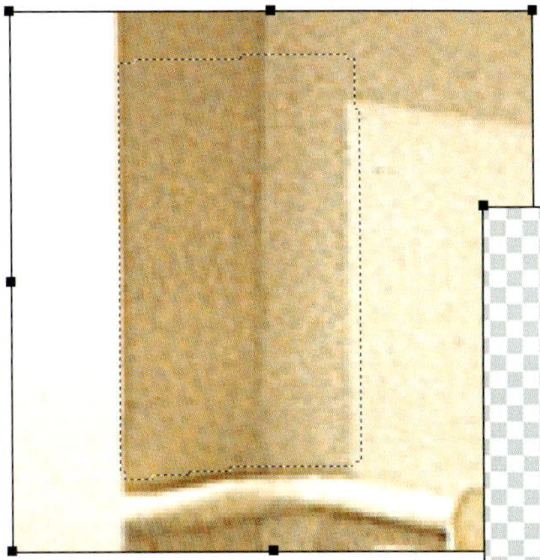

Afin de rendre les limites non visibles, je les rends progressives à l'aide de l'outil Gomme, la forme étant réglée à un diamètre de 75 pixels et à 18 % de dureté.

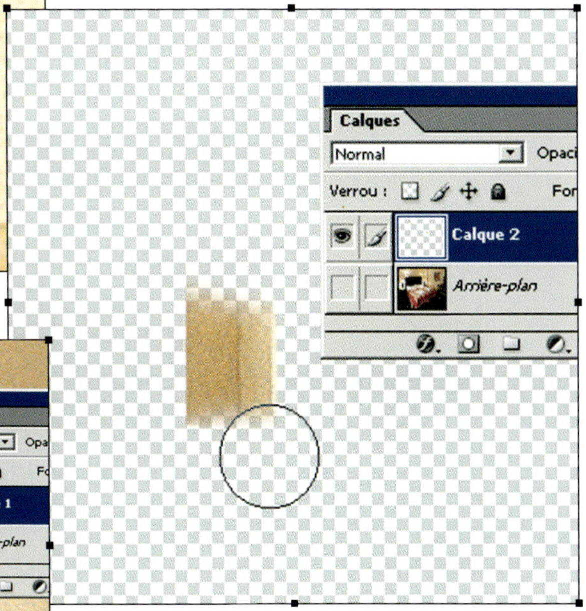

Je copie-colle cette sélection sur un calque placé au-dessus, puis la déplace de manière à masquer les tuyaux. Pour plus de cohérence entre les luminosités des différentes zones de l'image, je la retourne à l'aide de la commande Édition>Transformation>Symétrie axe vertical.

Enfin, malgré l'éclairage graduel de la zone masquée, il me suffit d'un simple ajustement de la fonction Luminosité/Contraste pour fondre totalement cette partie déplacée dans son nouvel environnement. Je corrige les derniers détails au moyen des outils Tampon et Densité + (en choisissant l'option Tons moyens et une exposition à 14 %).

Étape 5

Suppression du radiateur

La suppression du radiateur est de loin l'opération la plus difficile, puisqu'il est quasiment impossible de coller des portions voisines d'images pour le masquer. Je vais donc créer une surface dotée du même gradient de couleur et de luminosité, et de la même texture que celle du mur. Tout d'abord, je sélectionne la zone concernée à l'aide du lasso (contour progressif à 1 pixel), en débordant légèrement. Puis je mémorise une sélection via Sélection>Mémoriser la sélection.

Pour visualiser avec précision le contour de cette sélection, il suffit d'activer le mode Masque (icône en bas à droite de la palette Outils).

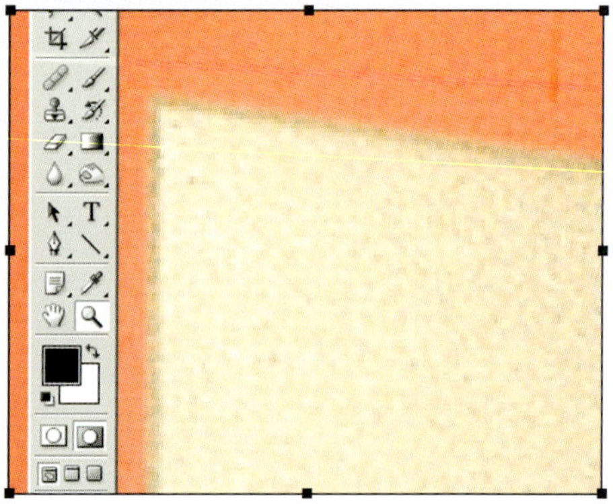

Je vais maintenant réaliser un dégradé simulant le gradient de couleur/luminosité. À l'aide de la pipette, je prélève sur la partie la plus claire et la partie la plus foncée les informations de couleur dont j'ai besoin. Après avoir créé un nouveau calque, j'applique un dégradé linéaire de la couleur d'avant-plan à la couleur d'arrière-plan, de part et d'autre de la sélection. Puis j'ajuste les teintes grâce à la commande Luminosité/Contraste.

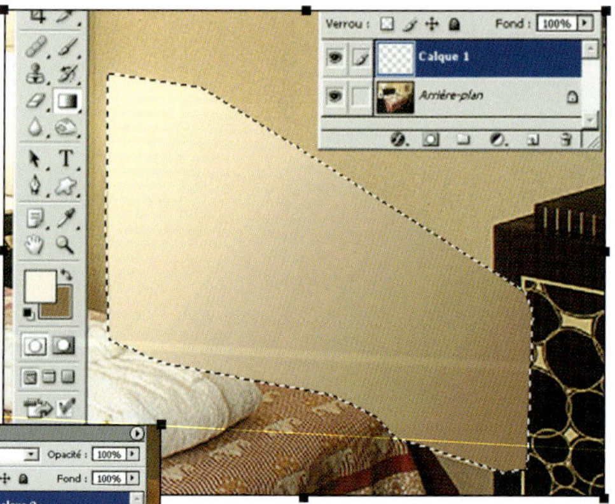

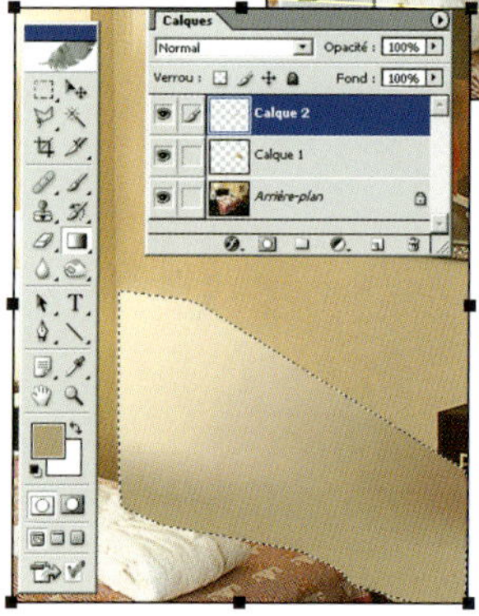

La partie inférieure gauche n'est pas encore satisfaisante, car l'image originale présente une ombre à cet endroit. Je prélève la teinte sur l'image de fond et crée un deuxième calque au-dessus des précédents. J'y applique un dégradé linéaire allant de la couleur de premier plan à transparent.

Étape 5

Puis je rends ces deux calques invisibles, active le fond, sélectionne la partie correspondant au lit et au meuble (avec un contour progressif à 0,5 pixel afin d'obtenir une découpe nette, mais sans excès), et la copie-colle sur un troisième calque au-dessus de l'ensemble.

En rendant visible les trois calques, je constate des incohérences au niveau des densités. Pour les corriger, j'atténue avec la gomme la partie droite du deuxième calque. Je fusionne ensuite les deux premiers calques, et affine la répartition des densités à l'aide des outils Densité + et Densité –.

L'image semble encore trop « lisse », comparée à celle en fond. Je crée donc une texture approchante via les commandes Filtres>Bruit>Ajout de bruit et Filtres>Atténuation>Flou gaussien, puis corrige les dernières incohérences de teinte et de densité au moyen des outils Densité +, Densité – et Éponge.

J'ai également recours au pinceau (réglé sur une opacité de 14 % et un flux de 12 %) pour donner à la partie ombrée du bas du mur recréé une très légère teinte bordeaux, correspondant aux reflets de la descente de lit.

Pour finir, j'ajuste le contour de la partie opaque du deuxième calque, qui dépasse légèrement de la zone de lumière dans l'image originale. Pour ce faire, je supprime les parties indésirables à l'aide de sélections effectuées au lasso polygonal.

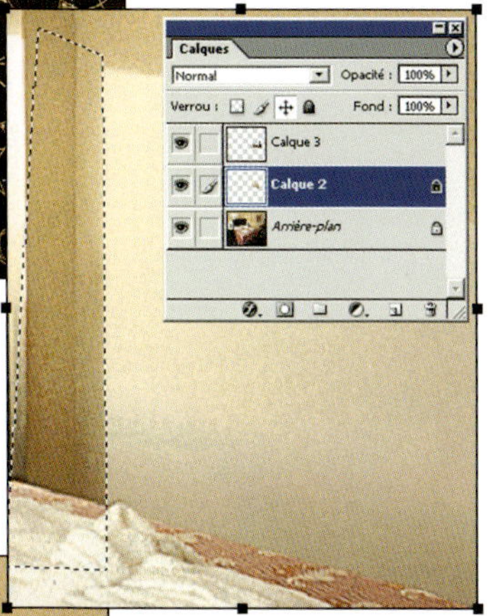

Pour parfaire mon image, je débouche quelques ombres et éclaircis le bois sombre du meuble figurant au premier plan. C'est fini !

Photo initiale

Photo retouchée

La photographie culinaire a toujours été mon domaine de prédilection. À l'opposé d'autres domaines de la photo, je m'y sens moins solitaire, car avant toute prise de vue ou retouche, l'image est d'abord le fruit d'une collaboration et d'une entente entre le photographe et le styliste. Pour cette photo comme pour beaucoup d'autres, je remercie Catherine Nicolas, ma complice de toujours.

atelier 05

AGNÈS **MASSIOT**

Matériel utilisé

- Boîtier numérique Nikon D1
- Mac G4 500 MHz
- 1 Go de RAM
- 100 Go de disque dur

Logiciel utilisé

- Photoshop 7

Foie gras au gros sel

Image numérique brute — Image de travail — Image finale

Cette photo a été réalisée pour un client avec lequel je travaille régulièrement : nous connaissant déjà bien, le brief fut donc rapide. Destinée à un catalogue promotionnel d'un grand magasin, l'image ne devait pas être connotée « fêtes de fin d'année », afin d'être éventuellement réutilisée. Il fallait des couleurs modernes pour les accessoires : l'orange fut choisi comme teinte dominante et mis en valeur par une touche de mauve. Les réglages de netteté devaient obéir à l'esprit du moment, à savoir net sur le sujet principal (le foie gras) et flou sur le reste. Enfin, l'angle de prise de vue serait une vue de biais pour dynamiser la photo. Le client souhaitant disposer rapidement de l'image pour l'imprimer, il fut décidé de la réaliser en numérique, ce qui posait le problème de sa netteté finale, toujours plus difficile à maîtriser en 24 × 36 qu'à la chambre. Il semblait donc évident qu'il faudrait effectuer des retouches dans Photoshop.

Nombre de (shoots supplémentaires pourraient être évités
grâce à un brief approfondi avec le client.

Étape 1

Bilan de la prise de vue

Je constate que l'image présente une légère dominante bleutée, souvent visible sur les prises de vue numériques, et que les flous du premier plan et de l'arrière-plan ne sont pas assez accentués. Le premier plan, trop sombre, ne semble pas très festif. Les tranches de pain dans l'assiette manquent un peu de matière. La figue et les raisins gagneraient à être densifiés dans les rouges. Quelques pétouilles et poussières devront être effacées au tampon.

> Dans Photoshop, on peut travailler avec le tampon en cochant ou non l'option Aligné (même translation pour chaque contour). J'utilise le mode Aligné, mais en changeant régulièrement le point d'origine afin d'éviter l'apparition d'un motif répétitif.

Pour supprimer la dominante bleutée de la photo, je vais dans le menu Image> Réglages>Correction sélective et modifie le rouge en mode Normal en enlevant 44 % de cyan : le résultat s'avère déjà beaucoup plus plaisant à l'œil. ■

Commençons par nettoyer l'image. Je la zoome à 300 % pour visualiser avec précision ses imperfections, et les supprime à l'aide du tampon (Forme entre 10 et 20 selon les endroits, Opacité maximum 60 %, mode Normal).

Avant

Après

Étape 2

Les sélections

Je vais maintenant travailler sur des parties de l'image beaucoup plus restreintes. Pour cela, j'effectue et mémorise trois sélections : une sur l'assiette, une autre sur l'avant-plan et une troisième sur l'arrière-plan.

Pour sélectionner l'assiette, j'utilise l'ovale de sélection, puis je vais dans le menu Calque>Modifier le calque pour ajuster cette sélection. Elle n'a pas besoin d'être très précise, puisque je la modifie en y ajoutant les feuilles de salade et les tranches de pain à l'aide du lasso. Pour affiner cette manipulation, je grossis l'image à 400 %. Je mémorise ensuite cette sélection via le menu Sélection>Mémoriser la sélection. Dans la boîte de dialogue qui apparaît, je nomme cette sélection Assiette.

J'inverse la sélection obtenue et à l'aide du lasso, j'enlève toute la partie haute de l'image pour ne conserver que le premier plan. Comme précédemment, je mémorise cette deuxième sélection, appelée AvantPlan.

Enfin, je récupère la sélection de l'assiette, l'intervertis, lui ôte l'avant-plan au moyen du lasso et la mémorise, en la baptisant ArrierePlan. J'ai pris garde pour cette sélection de déborder un peu sur l'avant-plan. Pour terminer ces préparatifs de retouche, je duplique le calque de ma photo. ■

> Des raccourcis bien utiles… Pour intervertir une sélection, utilisez Pomme+Maj+i sur Mac (sur PC, remplacez la touche Pomme par la touche Ctrl). Pour récupérer la sélection de l'assiette, affichez les couches et cliquez sur le nom de la couche en maintenant la touche Pomme enfoncée.

Étape 3

Flou de l'arrière-plan

Dans cette étape, je travaillerai toujours sur la copie du fond. Je récupère la sélection de l'arrière-plan et lui applique un contour progressif de 35 pixels (menu Sélection>Contour progressif), puis un flou directionnel d'angle 90° et de distance 75 pixels (menu Filtre>Atténuation). Je passe l'opacité de mon calque à 79 %, pour créer un léger décalage entre ce calque et l'image du fond à 100 %.

Mais j'estime que mon fond manque encore de pêche : pour y remédier, je vais dans le menu Image>Réglages>Niveaux pour visualiser les couches du rouge, du vert et du bleu. En corrigeant les niveaux d'entrée, j'obtiens un fond plus vivant.

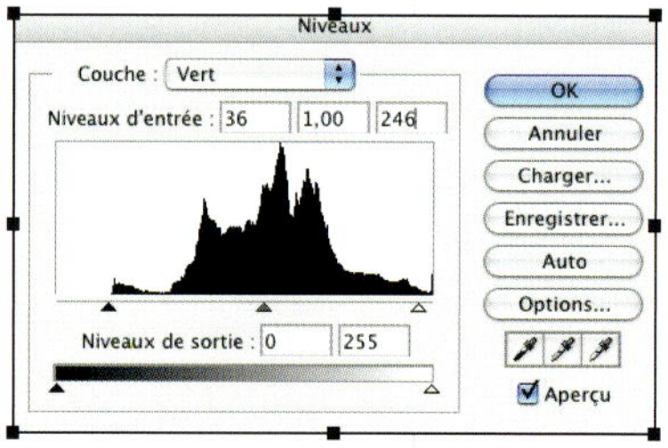

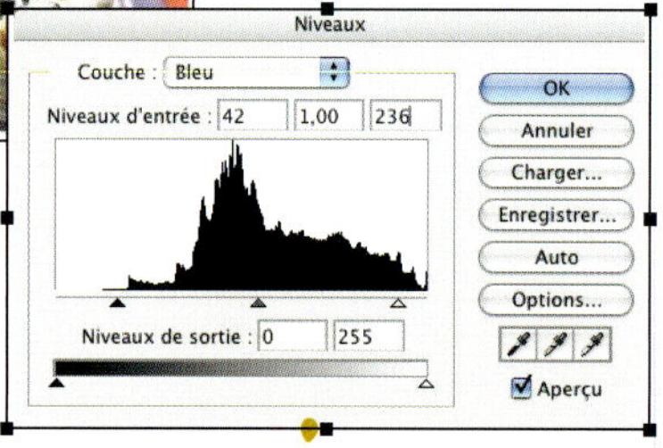

Après correction des niveaux d'entrée

Couleurs et flou de l'avant-plan

Passons maintenant à l'avant-plan. Je récupère la sélection dans les couches et la duplique, créant ainsi un nouveau calque. Sur celui-ci, j'isole l'orange à l'aide de la pipette via le menu Sélection>Plage de couleurs. Je l'adoucis d'abord grâce à un contour progressif de 45 pixels, puis lui ajoute du jaune et du magenta pour obtenir une couleur plus gaie (menu Image>Réglages>Variantes). Pour finir, j'applique au calque un flou gaussien d'une valeur de 10 pixels et l'éclaircis légèrement.

Pour mieux évaluer le résultat d'un réglage sur une sélection, je masque son contour à l'aide du raccourci clavier Pomme+h.

Étape 3

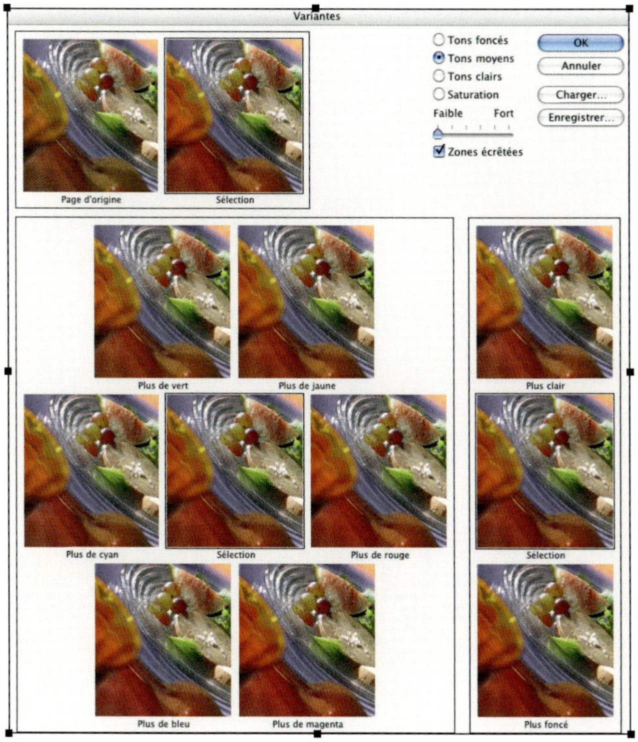

Pour préserver l'image originale et conserver les corrections effectuées sur certaines zones de la photo, je travaille toujours sur des calques et non directement sur le fond. Ainsi, lorsque je commets des erreurs et que l'historique ne peut plus revenir en arrière (ses limites étant dépassées), je jette simplement le calque et retrouve mes précédents réglages.

Lumières sur l'assiette

Sur le calque de l'assiette, je ne veux surtout pas flouter le foie gras : j'aimerais au contraire donner plus de contraste à l'ensemble et peut-être éclaircir certaines parties de l'image. Je récupère la sélection de l'assiette, copie son contenu et le duplique sur un nouveau calque, auquel j'applique un contour progressif de 35 pixels. Dans le menu Image>Réglages, je vais chercher les courbes, « pince » dans les valeurs sombres pour gagner en contraste et éclaircis les valeurs moyennes.

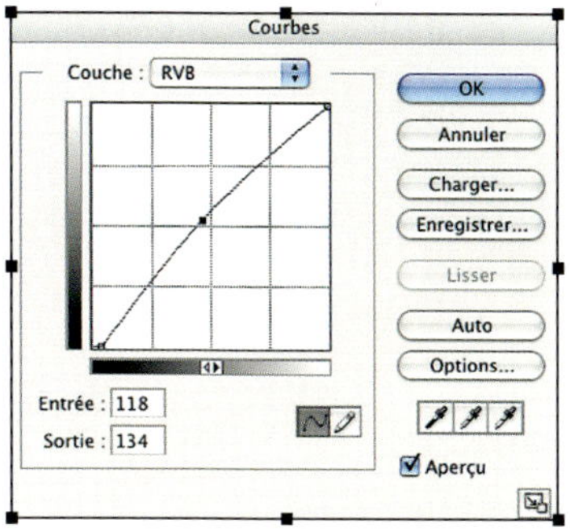

L'assiette se détache maintenant du fond et attire plus fortement l'œil vers le produit à vendre : l'image est devenue beaucoup plus intéressante. Pour affiner un peu plus la photo, je vais atténuer l'ombre de la tranche de foie gras que je trouve un peu trop marquée. Zoomant sur cette partie de l'image, j'éclaircis légèrement cette ombre par petites touches successives au moyen de l'outil Densité – (Forme de 20 pixels, gamme Tons foncés, Exposition de 10 %).

Étape 4

Dernières retouches

Pour me considérer satisfaite de ce travail, il me reste encore à corriger le dessus de la tranche de pain qui manque de matière. Je reviens sur le fond de ma photo et masque les autres calques. Au lasso, je sélectionne le haut de la tranche où la matière de la mie est plus présente. Je copie cette sélection et la colle sur un calque nommé Pain que je place au-dessus des autres.

Je déplace ce calque et le déforme légèrement pour qu'il corresponde à la forme de la tranche. Je règle l'opacité de ce calque à 90 %. Je duplique le calque Pain et recommence la même manipulation. Un dernier duplicata de calque et la surface du pain est totalement recouverte. Je passe les deux copies du calque initial à des opacités de plus en plus faibles (75 % pour Pain copie et 45 % pour Pain copie 2) pour conserver l'aspect velouté de la lumière sur la tranche de pain.

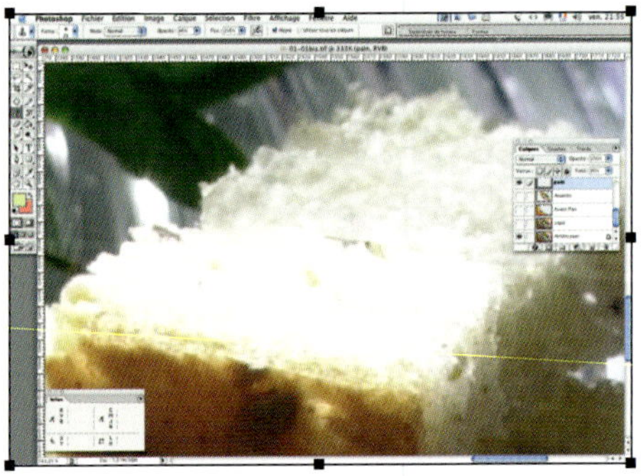

Je fusionne ensuite les trois calques et modifie au tampon les joints disgracieux (toujours en choisissant une option d'opacité du tampon de 60 %). Je règle l'opacité finale de ce calque à 60 % en mode Produit, ce qui permet d'adoucir la surexposition un peu forte de l'image initiale tout en donnant un caractère naturel à la prise de vue.

Je pourrais opérer la même transformation sur la deuxième tranche de pain, mais au vu de l'image corrigée, je trouve plus intéressant de créer un contraste supplémentaire en laissant la tranche telle quelle.

Avant

Après

Étape 4

Cette photo devant être imprimée, je vérifie qu'il n'y a pas de problème majeur au niveau des couleurs, et je règle les préférences couleur de Photoshop en fonction des paramètres utilisés par l'imprimeur. Je convertis l'image en CMJN et au vu du résultat, décide de corriger la courbe de l'arrière-plan qui me semble un peu fade. Pour finir, j'aplatis mon image. En effet, je livre toujours à mon client une image aplatie, car mes bidouillages ne regardent que moi !

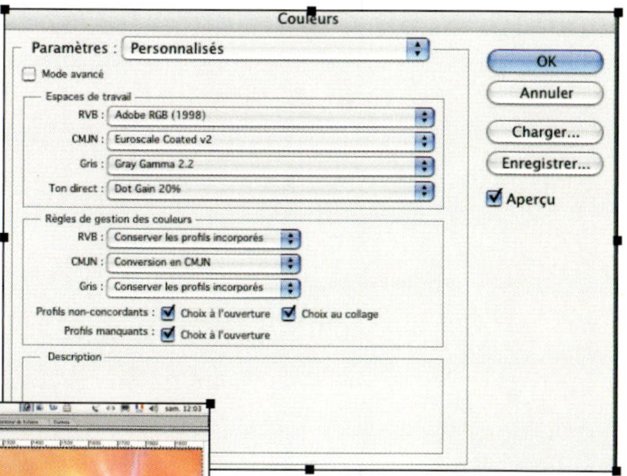

Voilà, le travail est achevé et le résultat correspond maintenant à l'esprit souhaité par le client. En peu de temps, les imperfections décelées lors de l'analyse de l'image brute ont pu être corrigées grâce à Photoshop, qui permet souvent de parfaire une image réalisée dans des conditions où il n'a pas été possible de contrôler tous les paramètres importants, par faute de temps ou/et de moyens. ■

Photo initiale

Photo retouchée

Lorsqu'une photo est destinée à être imprimée, effectuez la conversion RVB/CMJN dans Photoshop et prenez la peine de contacter votre imprimeur pour régler les paramètres du menu Photoshop>Couleurs en fonction des informations qu'il vous communiquera.

Un bon retoucheur d'images
doit avant tout respecter le travail
du photographe : il ne s'agit pas
de modifier sa photo pour
la dénaturer, mais au contraire
de la mettre en valeur,
de la magnifier. Pour ce faire,

il devra nettoyer l'image de ses
imperfections, optimiser son éclairage,
parfaire ses couleurs... et d'une
manière générale, réaliser
toute retouche susceptible d'embellir
la photo initiale sans trahir
la pensée de son auteur.

atelier 06

STÉPHANE **REY-GORREZ**

Réparation d'une montre

Matériel utilisé

- Hasselblad 501 CM
- Dos Phase One H25
- Objectif 150 mm
- 4 flashs Nexus
- PC 2,4 GHz
- 1,5 Go de RAM
- 200 Go de disque dur
- Tablette graphique Wacom A6

Logiciel utilisé

- Photoshop 7.0

Photo brute Image de travail

Image finale

Lorsqu'on retouche un objet tel qu'une montre, la principale difficulté est de parvenir à reconstituer à l'identique les différentes textures qui composent la matière métallique. Avant d'entamer toute intervention sur l'image, il est primordial de comprendre le mécanisme de la montre et la manière dont s'articulent ensemble ses différents éléments, pour être certain de ne pas modifier sa structure lors de la retouche. Ici, je partais d'une photo qui manquait de contraste et de luminosité. Cette montre Tag Heuer avait non seulement besoin d'être mise en valeur, mais aussi d'être retouchée dans ses moindres détails. Certaines parties métalliques nécessitaient d'être complètement reconstituées. L'intérieur du cadran, très taché, devait paraître impeccable. Les chiffres et les aiguilles n'étaient pas assez nets. Beaucoup de travail donc en perspective…

La retouche (photo fait souvent appel à des techniques d'illustration
et de photomontage que l'on perfectionne avec l'expérience.

Étape 1

Détourage de la montre

L'une des règles d'or en retouche numérique est de ne jamais travailler sur la photo originale. Commencez toujours par dupliquer l'image sous forme d'un calque : vous préserverez ainsi votre photo d'éventuelles erreurs irréversibles et vous pourrez comparer les versions avant/après retouche.

Dans un premier temps, il est essentiel d'isoler la montre de son fond : pour cela, j'effectue un détourage à l'aide de la plume, outil plutôt maniable que j'utilise pour la pureté de ses courbes. Je n'hésite pas à prendre tout mon temps, car de la qualité de ce détourage dépendra une partie du résultat final.

Un beau tracé s'obtient avec un minimum de points : moins il y a de points, plus la courbe est facile à manipuler.

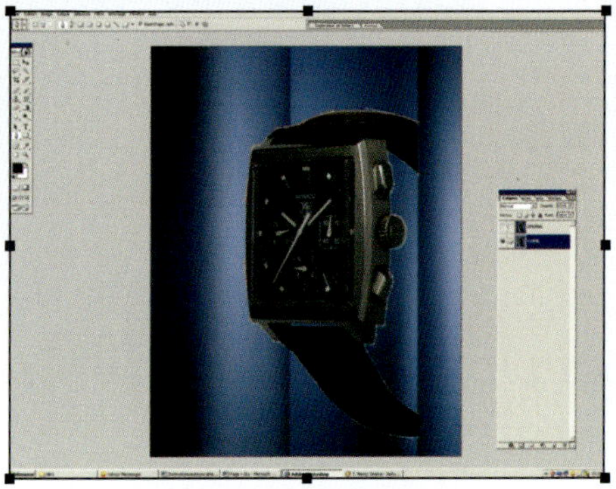

Une fois le détourage terminé, je transforme le tracé en sélection (via le menu Tracé de la palette des calques, Définir une sélection> Nouvelle sélection) et lui attribue un contour progressif de 2 pixels, de manière à ne pas obtenir un contour trop franc qui donnerait l'illusion d'un collage.

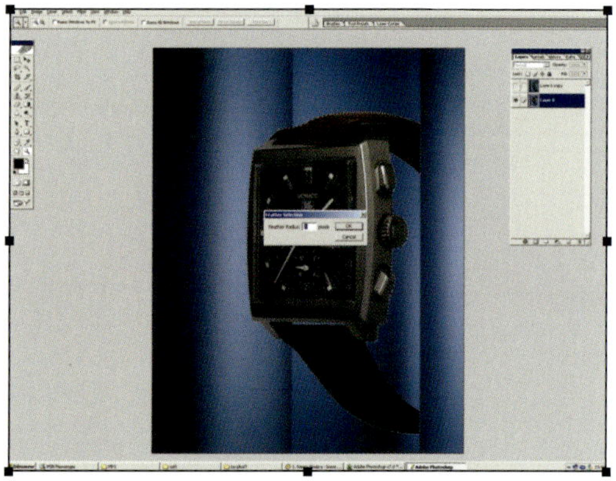

Tout en conservant ma sélection active, j'effectue un copier-coller de la montre sur un nouveau calque que je nomme calque Montre. Je constate que le détourage de la montre est trop net par endroits, notamment sur le contour du bracelet situé à l'arrière-plan où il devrait être logiquement plus flou. Pour y remédier, je sélectionne le bord du bracelet et lui applique un léger filtre Flou gaussien de 3 pixels.

Étape 2

Contraste et luminosité

Pour faire ressortir toutes les imperfections de la montre, j'applique au calque Montre le filtre Renforcement>Accentuation : cette méthode me permettra de traiter ces défauts sans avoir de mauvaises surprises à la fin de mes retouches.

Je procède toujours (ainsi **pour mettre en évidence** *les défauts de l'image, car sinon certains détails seraient difficilement visibles.*

Lors de l'application des calques Luminosité/Contraste et Niveaux, il faut veiller à ne pas trop densifier les noirs, ni à brûler les hautes lumières. Si c'est le cas, quelques coups de pinceau (en mode Aérographe, avec une opacité de 25 %) sur le masque de fusion rétabliront le contraste et la lumière d'origine.

Commence alors le travail sur le contraste et l'éclairage. Pour récupérer la sélection de la montre, j'appuie sur la touche Ctrl de mon clavier (l'équivalent de la touche Pomme pour les utilisateurs de Mac), tout en cliquant sur le calque de ma montre. Puis je crée un calque de fusion Luminosité/Contraste avec 13 en luminosité et 21 en contraste, afin de bien faire ressortir l'objet.

J'applique également un calque Niveaux, en déplaçant le curseur des tons foncés vers la gauche pour densifier les noirs de la montre, et en poussant le curseur des tons clairs vers la droite de manière à donner davantage de luminosité dans les hautes lumières. ■

Si on travaille en CMJN, comme ici, les parties métalliques auront tendance à virer au bleu dès l'application de calques Luminosité/Contraste, Niveaux et Courbes. Je m'occuperai de cela plus tard.

Étape 3

Nettoyage des parties métalliques brossées

En zoomant sur la montre, on pourrait être effrayé devant l'ampleur des dégâts et le nombre de salissures, rayures et autres petites « pétouilles » qui apparaissent sur les parties métalliques. Il faut bien comprendre que retoucher des photos, c'est entrer dans le monde de l'infiniment petit. La retouche d'un objet pourrait être ainsi comparée au travail d'un chirurgien excisant avec son scalpel les parties malades.

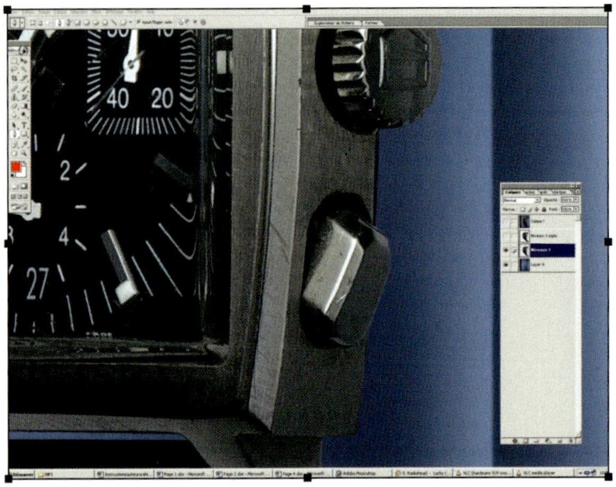

Excellent outil pour ceux qui débutent dans Photoshop, le tampon laisse souvent à désirer dans une retouche professionnelle, car il crée des « pâtés » sur l'image. Pour l'utiliser à bon escient, il faut régler son diamètre à quelques pixels.

Je vais maintenant nettoyer les parties métalliques brossées de la montre, c'est-à-dire les textures présentant des stries verticales ou horizontales, par opposition aux textures lisses sans relief. Pour ce nettoyage, j'emploie deux méthodes complémentaires. La première consiste à passer sur les petites imperfections de petits coups très brefs de tampon, réglé sur un diamètre de 4 pixels. Cette technique relativement rapide permet de conserver la texture du métal et de recréer l'aspect brossé de la montre.

La deuxième méthode me sert à boucher, réparer et supprimer les plus grosses pétouilles, en copiant des pixels d'une partie de l'image pour les coller à un autre endroit. Au moyen de l'outil Lasso (avec un contour progressif de 4 pixels), je sélectionne une petite zone de quelques pixels dans une partie métallique dénuée de salissures, j'appuie simultanément sur les touches Ctrl et Alt, et en déplaçant ma sélection par le milieu, je la dépose sur une grosse salissure avoisinante. Je relâche les touches Ctrl et Alt, puis désélectionne : la partie salie est alors automatiquement remplacée par une partie propre.

Au passage, j'en profite aussi pour enlever quelques pétouilles sur le bracelet, toujours selon ces mêmes méthodes.

Étape 4

Nettoyage des parties métalliques lisses

Pour la retouche des parties métalliques lisses de la montre, j'utilise une troisième méthode qui consiste à les flouter, puis à les repeindre pour leur restituer leur volume et leur rendu initiaux. Cette technique fait appel à vos talents d'illustrateur.

Après avoir sélectionné une partie métallique à l'aide de l'outil Plume, je lui applique un contour progressif de 0,6 pixels, puis la copie-colle dans un calque appelé Calque partie lisse. Je récupère cette sélection et lui applique un filtre Flou gaussien de 10 pixels.

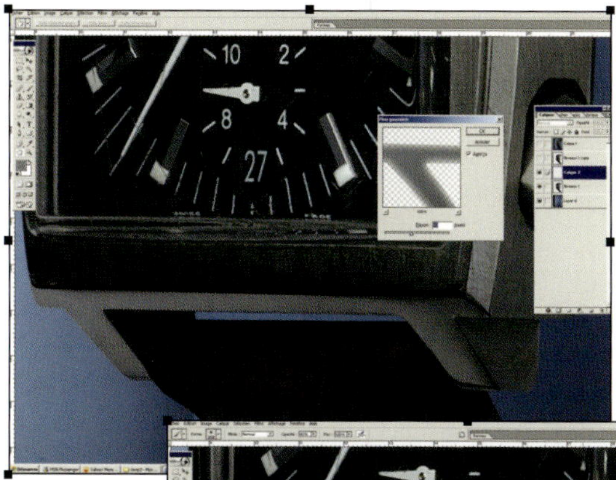

Au moyen de l'outil Pinceau en mode Aérographe (Opacité 40 et Flux 100), je commence alors à peindre cette partie métallique floutée, de manière à lui redonner du volume. Il s'agit d'un exercice très délicat qui nécessite une bonne appréhension de la lumière, car il ne faut altérer ni déformer la forme et le volume de la montre.

Une fois satisfait du résultat, j'ajoute un peu de filtre Bruit en choisissant un facteur de 1 et une répartition uniforme monochromatique, pour donner un aspect de texture proche de la photo originale.

Pour parachever cette étape de nettoyage, j'applique un très léger filtre Flou gaussien de 0,3 pixels, afin de rendre la texture des parties lisses plus réaliste et conforme à celle de la montre. J'applique donc cette méthode sur l'ensemble des parties métalliques lisses. ■

Lors de cette étape, vous devez analyser avec soin la manière dont la lumière se pose sur la partie à retoucher, comprendre comment elle crée du volume, étudier ses jeux d'ombre.

Étape 5

Reconstitution des parties métalliques brossées

Je remarque que certaines parties brossées de la montre sont trop sales pour être retouchées. Je vais donc devoir les recréer entièrement.

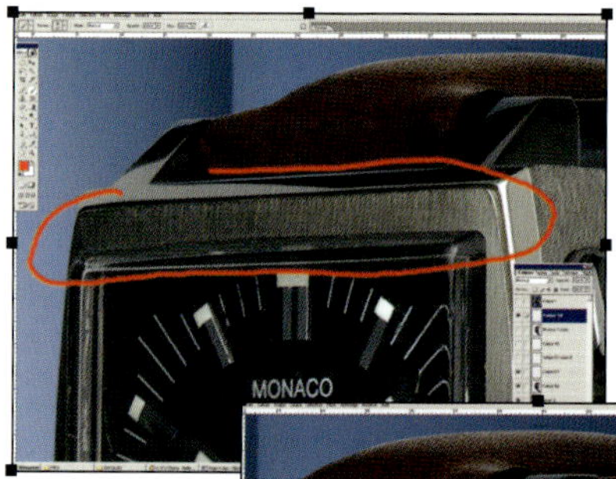

Pour les remplacer, je vais me servir de parties existantes déjà retouchées. En fait, je n'ai pas beaucoup de choix… J'effectue une sélection et un copier-coller du brossé situé sur le côté droit de la montre (quelques centimètres suffisent).

J'applique ensuite à ce calque une symétrie d'axe horizontal (via le menu Édition>Transformation>Symétrie axe horizontal), et le duplique cinq fois dans le sens de la longueur, de manière à disposer suffisamment de matière. Je fusionne alors les cinq calques obtenus et renomme ce nouveau calque Calque texture.

Je me place sur le Calque texture et intervertis ma sélection via le menu Sélection>Intervertir.

Je n'ai plus qu'à effacer les parties de la texture qui dépassent de ma sélection (via Édition>Effacer). Ainsi, j'obtiens la forme de ma partie brossée, dotée d'une plus belle texture.

Attention à ne pas donner l'impression de répéter la texture. Pour cela, il faut la retoucher par endroits, en appliquant la méthode du tampon précédemment utilisée.

Puis, à l'aide de l'outil Plume, je crée un tracé correspondant à la forme de la partie brossée à recréer. Je transforme ce tracé en sélection et lui attribue un contour progressif de 1 pixel.

Enfin, à l'aide de l'outil Pinceau en mode Aérographe et d'un masque de fusion sur le Calque texture, je gomme très légèrement les extrémités de la nouvelle matière, de manière à intégrer au mieux le brossé recréé dans la photo originale. ■

Étape 6

Le nettoyage du cadran

L'image a déjà meilleure allure. Reste maintenant le cadran qui est un gros morceau ! Il comporte en effet beaucoup de salissures, d'éraflures et de taches. Par ailleurs, il est indispensable de bien faire ressortir les différents éléments à l'intérieur du cadran. Je commence donc par détourer chaque élément : des aiguilles aux chiffres en passant par la typo et les petits traits, en veillant à sauvegarder chaque sélection dans une couche Alpha.

Il est inutile de détourer tous les petits traits : un exemplaire de chaque type de trait suffira. Il en va de même pour les chiffres.

Puis je détoure le cadran, copie-colle ce détourage dans un calque nommé Cadran et lui applique un filtre Flou gaussien de 10 pixels. Tout en conservant ma sélection du cadran, je repeins l'intérieur à l'aide du pinceau en mode Aérographe et lui ajoute un filtre Bruit à 0,7 pixels.

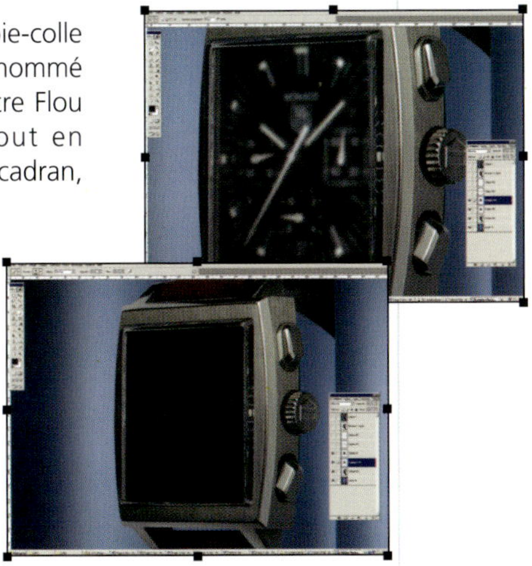

Je copie alors la sélection aiguilles + chiffres + traits dans un nouveau calque appelé Calque Aiguilles, que je superpose au-dessus du calque Cadran. J'abaisse l'opacité du calque Cadran à 50 %, retourne sur le calque Aiguilles, sélectionne le chiffre 2, et le déplace grâce aux touches Ctrl et Alt de mon clavier.

Il ne me reste qu'à le positionner là où se trouve un autre chiffre 2. De la même manière, j'applique cette méthode à l'ensemble des chiffres et des traits. Quand tout est terminé, je réattribue une opacité de 100 % au calque Cadran. ■

Étape 7

La typo du cadran

La typo du cadran n'est pas très propre et a besoin d'être mise en valeur. Pour cela, je récupère la sélection de la typo figurant sur la montre. Avec l'aérographe en opacité 25, je repeins légèrement les lettres.

Les aiguilles

Comme la typo, les aiguilles nécessitent d'être retouchées. Là encore, après avoir détouré une aiguille, je la copie sur un calque, la floute, puis la repeins en tâchant de respecter son volume et les éventuels reflets métalliques.

J'applique cette méthode en redessinant une par une les aiguilles, puisqu'elles sont toutes différentes. Je procède de même pour redessiner les petits rectangles métalliques.

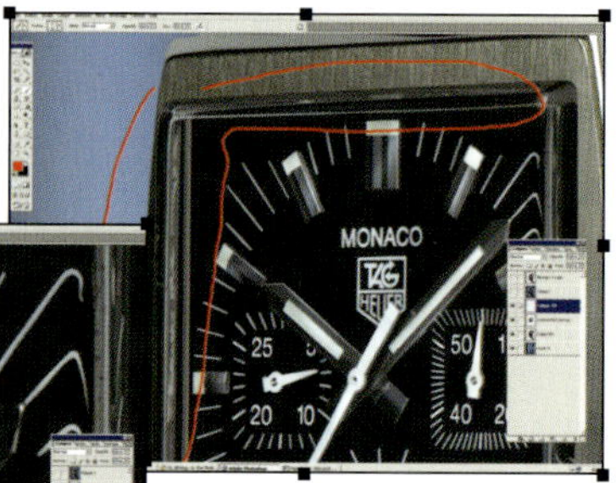

Je n'hésite pas à rendre les aiguilles plus claires et plus brillantes, pour qu'elles se détachent du cadran sombre.

Le pourtour du cadran

Je dois retravailler le pourtour du cadran car il est sale. Je décide de m'occuper d'abord du bord vertical gauche.

Je sélectionne un petit morceau du cadre relativement propre et lui attribue un contour progressif de 3 pixels. Puis, en utilisant les touches Ctrl, Alt et Maj, je duplique les pixels sélectionnés dans le sens de la hauteur, quasiment millimètre par millimètre, jusqu'à obtenir une portion parfaitement propre. Je poursuis ainsi sur toute la hauteur du bord vertical.

De cette manière, les taches et salissures ont totalement disparu. Pour parfaire l'intégration de cette partie verticale recréée, j'utilise un calque Masque de fusion pour gommer très légèrement à l'aide de l'outil Pinceau les deux extrémités de cette partie.

J'emploie la même méthode pour les trois autres bords du cadran.

Étape 8

Le bracelet

La partie basse du bracelet semble désaturée à certains endroits : il manque en particulier un peu de rouge. Pour y remédier, je sélectionne avec un contour progressif de 20 pixels les zones à retravailler et applique une balance des couleurs en réglant le curseur de la couleur rouge sur 15.

Création de lumières

La montre manquant encore un peu de contraste dans son ensemble, je lui attribue un nouveau calque Luminosité/Contraste. Pour finir, je vais créer plusieurs petites lumières qui vont éclairer et faire ressortir la montre. Après avoir créé un nouveau calque, je remplis de blanc une sélection effectuée à l'aide de l'outil Lasso avec un contour progressif de 75 pixels.

Création de lumières

Je passe ce calque en mode Densité Couleur – et abaisse son opacité à 15 %. Instantanément, j'obtiens une lumière diffuse éclairante qui met en relief la montre. À l'aide de l'outil Déplacement de calque, je place ce calque de lumière au milieu de la montre. Je place ensuite à divers endroits de l'image et sur cinq calques distincts, d'autres lumières d'intensité et de taille différentes (l'intensité se gérant selon l'opacité du calque, et la taille selon la grandeur de la sélection).

Pour parfaire le visuel, j'ajoute sur le fond bleu qui manque de relief un calque Luminosité/Contraste avec 12 en luminosité et 20 en contraste. Ma montre est réparée ! ■

Photo initiale — Photo retouchée

Cette photo de Dominique Sanda est extraite d'une série de portraits d'acteurs de théâtre, photographiés juste avant la représentation et donc déjà imprégnés de leur rôle dans la pièce. J'ai traité ces portraits à la manière de fresques antiques pour qu'ils paraissent intemporels, éternels, bref théâtraux ! Pour parvenir à ce résultat, j'ai préféré utiliser Photoshop, bien plus adapté dans ce cas que la technique photographique argentique.

atelier 07

BERNARD **RICHEBÉ**

Matériel utilisé

- Hasselblad ELM
- Objectif 120 mm macro
- Flash Balcar
- Parapluie Jumbo
- Scanner Leaf 45
- Mac G4 biprocesseur 1,4 GHz
- 1,5 Go de RAM
- 2 disques durs de 250 Go
- Tablette graphique Wacom Intuos 2

Logiciel utilisé

- Photoshop CS

Portrait de Dominique Sanda

Photo de départ

Image de travail

Image finale

Photographier des acteurs de théâtre célèbres juste avant leur entrée en scène est une grande chance dans la vie d'un portraitiste. C'est ce que m'avait demandé l'ART (Association de la Régie Théâtrale) qui souhaitait constituer un fond de cinquante portraits de comédiens illustrant une saison théâtrale à Paris. Si le concept de photographier les acteurs en costumes, juste avant la représentation, était simple, la réalisation fut autrement plus complexe. En effet, je dus les prendre au moment de l'ultime confrontation entre l'acteur et son personnage, moment critique dont je fus le témoin. Cet instant précis et capital, il fallait le sublimer ! D'où l'idée de traiter cette série comme des fresques antiques, un peu à la manière de ces merveilleux portraits du Fayoum ou de Pompéi.

N'oubliez jamais que les (infinies possibilités *de la retouche numérique ne peuvent se substituer à l'œil du photographe et à sa perception de la lumière.*

Étape 1

Prise de vue

Pour obtenir de subtiles nuances dans les dégradés de matières, je me suis vite rendu compte qu'un trucage photographique serait bien trop aléatoire et fastidieux pour parvenir à l'effet de fresque escompté. La meilleure solution était de manipuler mes images sous Photoshop, mais à condition que la prise de vue intègre bien certains paramètres de lumière et de contraste.

C'est pour cette raison que j'ai choisi un éclairage indirect, produit par un large parapluie Jumbo disposé en hauteur et imitant une lumière solaire adoucie. Sans paraître trop terne, cette lumière sur le personnage facilitera l'intégration avec le nouveau fond. Quant au décor situé derrière le personnage, j'ai utilisé celui de la pièce de théâtre qui, dans ce cas précis, apportait un plus avec sa structure et sa couleur. Une simple torche dirigée vers celui-ci m'a permis de l'éclairer facilement.

Le fond orangé que je vais incruster dans l'image est un détail de mur d'un palais romain, issu d'une série de photos prises au hasard de mes déplacements. Il correspondait bien, selon moi, à l'atmosphère de la pièce d'Oscar Wilde, *Un mari idéal*, dans laquelle jouait Dominique Sanda. ■

Si la technique est un aspect important de la photographie, elle ne saurait être à elle seule une fin en soi. En d'autres termes, oubliez-la et fiez-vous à votre instinct pour la quête du résultat souhaité. Cela est d'autant plus vrai pour la retouche d'images sur ordinateur, où l'on se perd bien souvent dans des labyrinthes techniques, alors qu'un simple coup de brosse aurait abouti à une image plus instinctive et donc plus crédible. C'est cette voie plus intuitive que je vous conseille d'explorer.

Photo originale

Détail de mur d'un palais romain

Étape 2

Scan des éléments

S'il est un sujet intarissable, c'est bien celui du scan des films ! Il n'en reste pas moins qu'il est primordial de préserver sans altération les précieuses informations de la prise de vue. Bien sûr, tout le monde ne dispose pas d'un scanner rotatif, le nec plus ultra, mais sachez qu'on obtient tout de même de bons résultats avec des scanners moins coûteux, en respectant certaines règles simples. Sinon, il est toujours possible de s'adresser à un labo, voire d'utiliser les services d'un minilab frontier, qui assure le développement et le scan des négatifs 24 x 36 à un coût avantageux et souvent avec soin. J'utilise pour ma part un scanner Leaf 45 qui offre une grande qualité d'analyse aussi bien pour les niveaux des blancs, que pour ceux des noirs, très fouillés, mais au prix d'une certaine lenteur d'exécution.

Tout d'abord, il faut chercher à produire un scan brut, c'est-à-dire un scan qui n'écrête ni les blancs, ni les noirs. Pour cela, j'utilise la pipette des blancs, puis celle des noirs (présentes sur les bons drivers de scan) qui me fournit une analyse des parties extrêmes de l'image à préserver. Grâce à cette sélection des blancs et des noirs extrêmes, j'obtiens un scan dont l'histogramme n'est pas tronqué.

Il est plus sage de scanner les deux éléments à monter (photo de l'actrice et photo du fond) selon les mêmes dimensions et la même résolution, en vue de faciliter le travail dans Photoshop. Ici, deux fichiers de 36 cm par 32 cm à 300 dpi, pesant chacun 47,2 Mo, ont été produits pour ce montage. ■

Bon scan

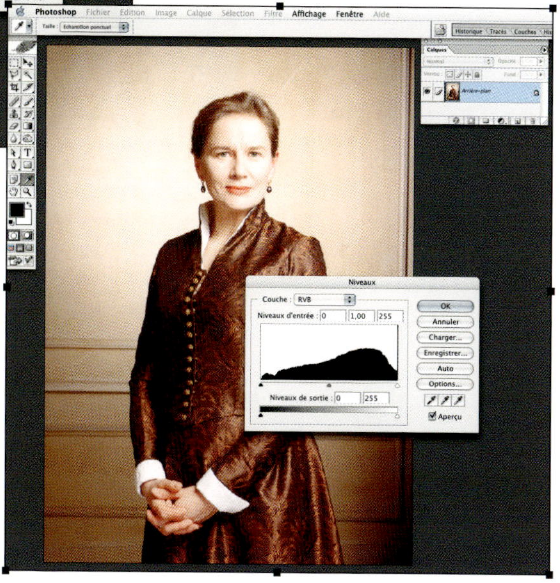

Mauvais scan

Notez que les appareils (photo numériques

offrent une autre manière de produire des originaux de bonne qualité, à condition de disposer d'un boîtier performant.

Étape 3

Importation et préparation dans Photoshop

Pour travailler de la manière la plus intuitive dans Photoshop, j'utilise une tablette graphique et son stylet. Ce type de tablette reste abordable pour peu que l'on se cantonne aux formats modestes, comme A5, qui offre une surface suffisante pour travailler dans de bonnes conditions. Enfin, pour être sûr de son écran, une sonde de calibration s'avère indispensable.

Passons aux choses sérieuses. En ouvrant la photo de Dominique Sanda dans Photoshop, je vérifie que l'image possède bien le profil intégré Adobe 98, qui assure une meilleure garantie de couleurs que les autres. Si ce n'est pas le cas, je modifie son profil via Image> Mode>Convertir en profil.

Puis j'ajuste les niveaux de ce brut de scan afin de le rendre utilisable en tant que « master » (calque de base me servant au montage). Dans la palette Calque, un double-clic sur le nom du calque Arrière plan me permet de renommer ce calque en Master Sanda et de le rendre par la même occasion modifiable : le cadenas sur le calque disparaît.

Je procède de la même manière pour le fond orangé. ■

Après l'ouverture de la boîte de dialogue Niveaux, je procède aux réglages des niveaux de l'image en cliquant-déplaçant les curseurs de gauche et de droite, situés juste en dessous de l'histogramme. Je maintiens en même temps la touche Alt enfoncée (touche appelée aussi Option), ce qui crée une inversion des noirs et blancs dans l'image en arrière-plan, rendant apparents les pixels qui seront écrêtés par l'ajustement des niveaux. L'idéal est de stopper le déplacement des curseurs quand apparaissent les premiers pixels des noirs et des blancs. Prenez garde toutefois à ce que l'option Aperçu soit bien cochée et que vous ne vous trouviez pas en mode Lab, car cette option ne fonctionne pas dans ce mode.

Étape 4

Incrustation du portrait

Les deux images des scans étant ouvertes, je sélectionne le calque Master Sanda et le glisse sur l'image Fond orangé, tout en maintenant la touche Maj enfoncée pour positionner parfaitement le calque Master Sanda sur le calque Master fond. Pour ne pas perdre le bénéfice de mon travail, j'enregistre au format TIFF l'image de ces deux calques en la nommant Montage Sanda.

La palette Calque permet de créer des dossiers pouvant contenir plusieurs calques, ce qui est bien pratique. Je peux ainsi placer les deux masters dans un dossier et cliquer sur l'œil de ce dossier pour les rendre tous deux invisibles. J'appelle mon dossier Groupe Master.

En glissant les deux masters sur l'icône Créer un nouveau calque, en bas de la palette Calque, je crée deux nouveaux calques identiques aux masters, que je nomme Fond et Sanda 35 %. Je place ces derniers en dehors du dossier Groupe Masters avec le calque Fond en dessous. Enfin, je règle l'option Opacité de calque sur 35 % pour le calque Sanda 35 %. Cette valeur de transparence sur le premier calque d'insertion du personnage va servir d'esquisse au montage : elle doit être déterminée avec soin et dépend des images que l'on souhaite associer.

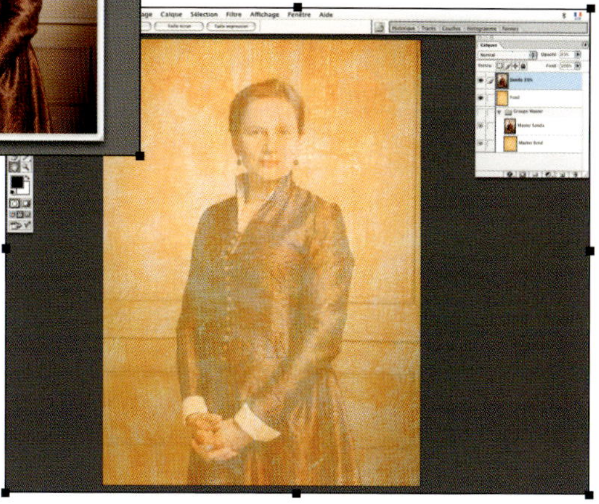

Grâce à des calques successifs, je vais maintenant imbriquer les deux images, selon différents niveaux de transparence, ces nouveaux calques étant toujours des copies des deux masters. Si ce procédé est consommateur de mémoire vive et d'espace disque, il demeure cependant le plus souple, autorisant le retour sur certaines étapes après la fermeture du fichier, ce qui est impossible avec l'outil Brosse d'Historique. De toute manière, il reste toujours la possibilité d'aplatir l'image et d'enregistrer cette version sous un nouveau nom, puis de continuer le montage sur cette version plus légère.

La (valeur de transparence du premier calque *détermine la qualité d'intégration du personnage.*

Étape 5

Réglage des effets

Je place au-dessus de tous les calques une copie du calque Master Sanda, baptisée Tracé Personnage : le fond disparaît, puisque ce nouveau calque est à 100 % d'opacité sans détourage. Je vais ensuite créer un tracé qui me servira lors du futur travail sur les calques. Pour dessiner ce tracé, je choisis l'outil Plume qui garantit une sélection souple et rapide du personnage.

Si j'essaie de suivre assez fidèlement le contour de la robe et des bras, j'évite en revanche de perdre du temps avec un tracé trop précis pour les cheveux.

Avec l'outil Plume, la tablette graphique se révèle d'une efficacité redoutable. Lorsque je pose le stylet sur la tablette, un point d'ancrage est aussitôt appliqué. Sans relâcher la pression, je crée deux poignées en déplaçant-tirant le stylet, qui me permettront d'adapter le tracé aux contours du personnage.

Attention à ne pas (oublier **de joindre les points** *d'un tracé pour le terminer !*

Grâce à l'outil Sélection directe (A), je trace un rectangle pour sélectionner le tracé et l'enregistre via la palette Tracé>Menu de Palette>Mémoriser le Tracé, en le nommant Personnage.

Je transforme ensuite ce tracé en sélection, en le glissant simplement sur l'icône Récupérer le tracé comme sélection, dans le bas de la palette Tracé. J'applique à cette sélection un contour progressif de 15 pixels, de façon à noyer le détourage dans le fond, puis je clique sur l'icône Création de masque de fusion, au bas de la palette Calque. Dominique Sanda apparaît ainsi détourée sur le fond avec une valeur de 100 %.

Étape 6

Réglage des transparences

Après plusieurs essais, je règle l'opacité du calque Tracé Personnage à 45 % et le renomme Sanda 45%.

> Grâce au contour progressif, Dominique Sanda s'intègre presque parfaitement dans le fond. Pour parfaire cette intégration, je procède à quelques retouches sur le contour des cheveux et des bras, effectuées en mode Masque à l'aide du pinceau (70 % d'opacité) avec la couleur blanche au premier plan. Cette technique permet d'agir sur les opacités du pinceau et du calque, ce qui s'avère bien pratique pour peaufiner l'effet sur certaines retouches délicates.

Photo initiale

Photo finale

Pour les détails que je souhaite mettre en évidence, comme le visage ou les motifs de la robe, je place au premier plan de la palette Calque, une copie du calque Master Sanda, appelée Détails. En maintenant la touche Alt enfoncée, je crée un masque de fusion qui se remplit automatiquement de noir. Je peins alors ces détails au moyen du pinceau (20 % d'opacité), ce qui les révèle lorsque la couleur de premier plan est sur le blanc et les atténue lorsqu'elle est sur le noir. En limitant à 20 % cette opacité, j'agis ainsi par petites touches successives, mais de manière cumulative. Je répète l'opération avec le calque Master fond, qui me servira à peindre du fond « frais » et à accentuer l'impression de profondeur.

Enfin, pour adapter le contraste de l'image, je crée un calque de réglage Courbes, récupère le tracé Personnage en le transformant en sélection avec un contour progressif de 20 pixels, puis remplis cette sélection avec du noir : j'isole ainsi le personnage du reste du montage, ce qui me permet de régler le contraste de l'image du fond. Je procède de même avec le calque Master Sanda en intervertissant simplement la sélection. Mon montage est terminé. ■

Si la perfection n'existe pas,
elle semble toutefois plus tangible
dans le domaine de la mode et de la
beauté, où chaque défaut est gommé,
chaque éclairage, calculé. Les
maquilleurs et les coiffeurs
embellissent le modèle, le photographe
optimise ses lumières. Entre alors
en scène le dernier maillon de cette
chaîne en quête d'idéal, celui qui va
parfaire l'image finale :
le retoucheur.

atelier 08

SHIVER

Matériel utilisé

- Dos numérique 22 Mpx Imacon
- Mac G4
- 768 Mo de RAM
- 80 Go de disque dur

Logiciel utilisé

- Photoshop CS

Une beauté sublimée

La prise de vue — Image de travail — Image finale

Cette photo prise en studio avec un appareil numérique était destinée à un magazine suisse de joaillerie. Le photographe, qui appréciait mon travail en matière de retouche, m'avait contacté pour que je rende son image plus lumineuse, plus modelée, plus « pêchue » comme on dit dans le métier. Il fallait en outre mettre l'accent sur le sujet de la photo, à savoir le collier. Le travail de chromie s'avérait donc intéressant, puisqu'il devait être nuancé et discret, afin de ne pas dénaturer l'esprit de la photo originale. Néanmoins, n'ayant pas eu de brief précis, j'ai établi un plan de retouches à effectuer, en prenant soin d'entourer chaque point à retravailler : retouches locales, mèches de cheveux à ajouter, oreille à dégager, accentuation du maquillage, mise en valeur du collier, corrections cosmétiques...

Pour ne pas s'éparpiller dans le (travail de retouche,
il faut toujours visualiser le résultat dans sa tête.

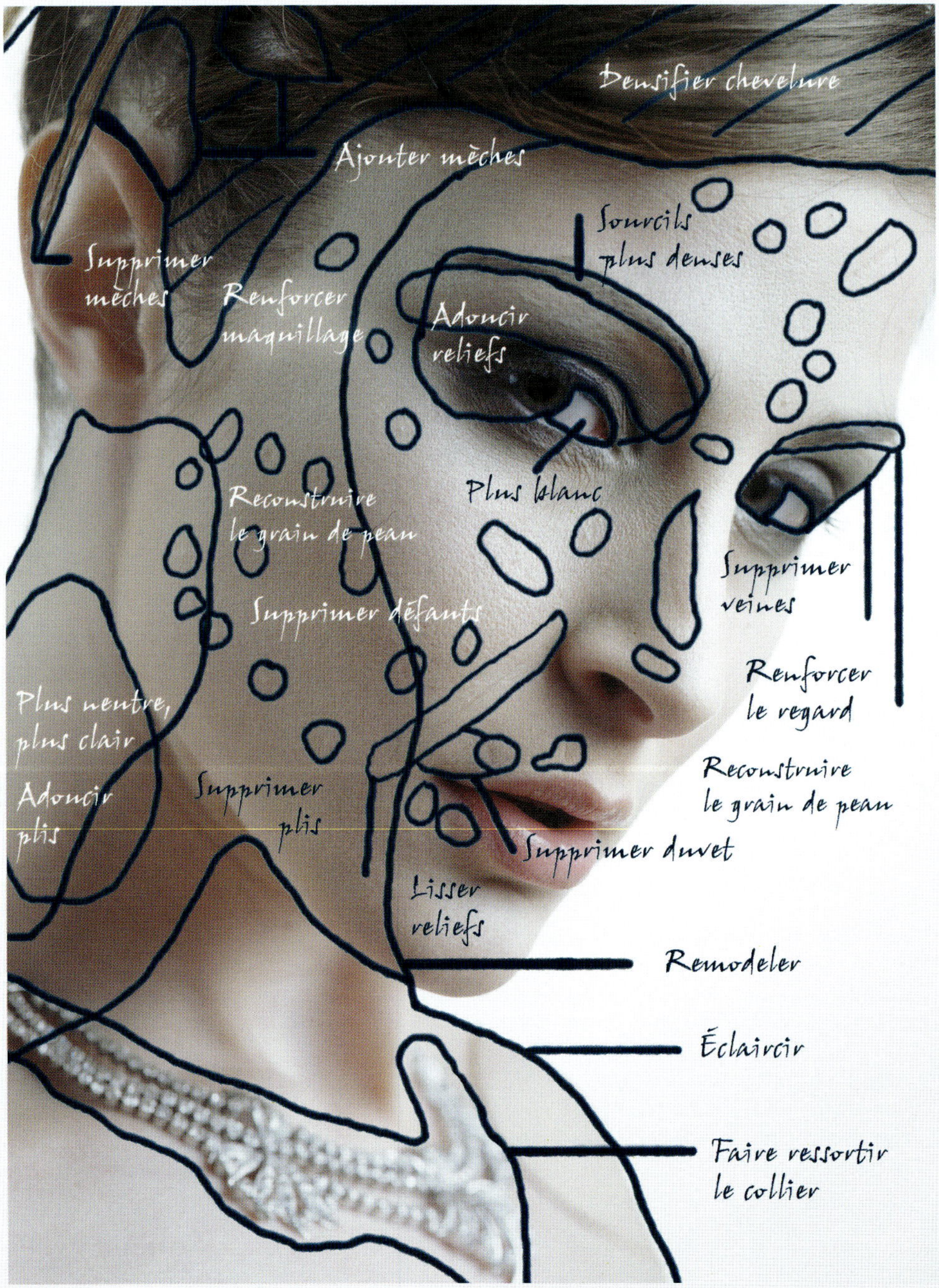

Densifier chevelure
Ajouter mèches
Sourcils plus denses
Supprimer mèches
Renforcer maquillage
Adoucir reliefs
Plus blanc
Reconstruire le grain de peau
Supprimer veines
Supprimer défauts
Renforcer le regard
Plus neutre, plus clair
Reconstruire le grain de peau
Adoucir plis
Supprimer plis
Supprimer duvet
Lisser reliefs
Remodeler
Éclaircir
Faire ressortir le collier

Étape 1

Un visage plus contrasté

Je commence toujours par les retouches chromatiques, qui constituent la partie la plus personnelle de mon travail. J'en présente alors le rendu au photographe qui doit me donner son accord pour que je puisse me lancer ensuite dans les retouches locales, qui seront sans surprise pour lui : enlever une mèche, c'est enlever une mèche.

Sur le masque, les zones corrigées apparaissent en blanc : front, regard, pommettes, nuque, cou et buste. ■

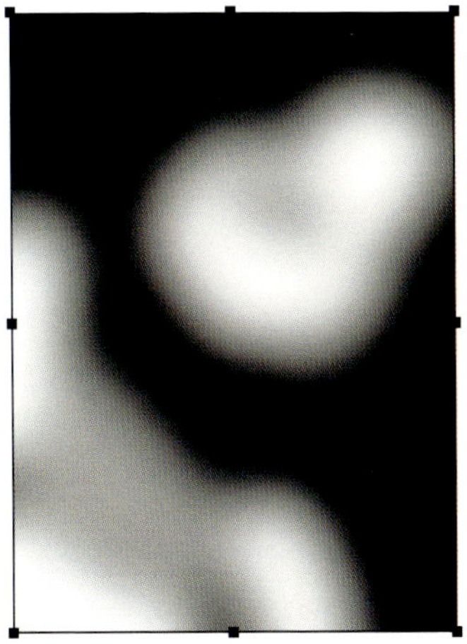

Je vais d'abord accentuer le contraste général de la photo. Pour cela, je crée un calque de réglage Niveaux et ramène le curseur des tons foncés vers les tons moyens, afin de donner plus de tonus à ces premiers : en densifiant les tons moyens foncés, on accentue les creux créés par la lumière.

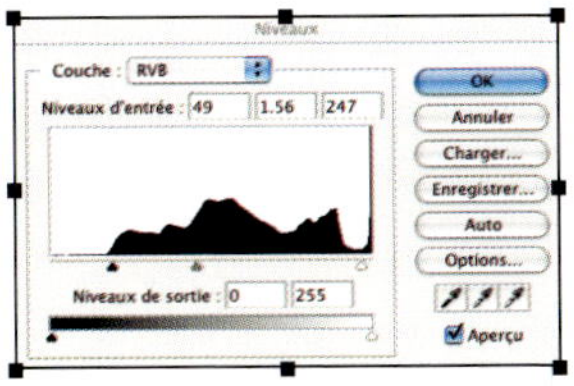

Les illustrateurs et les peintres savent représenter les creux, les bosses, bref tout ce qui donne de la profondeur et de la matière à une image. La photographie en revanche manque souvent de relief. Si le maquillage et l'éclairage permettent de donner plus d'épaisseur à une photo de beauté ou de mode, le retoucheur doit aussi contribuer à renforcer cet « effet 3D ».

Comme tout calque de réglage, ce calque est associé à son masque de fusion, sur lequel je peins les zones à révéler, au moyen d'un gros pinceau très doux. Je choisis comme mode de fusion Lumière tamisée, avec une opacité de 100 %. Cette retouche permettra de redonner plus de clarté et de fraîcheur à la photo.

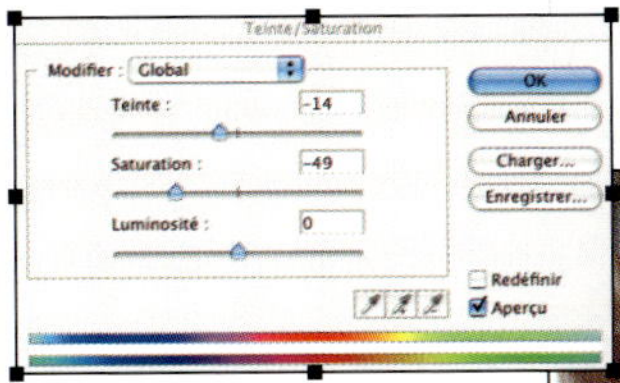

Avant

Après

Étape 2

Un cou moins rose

Je m'attaque maintenant aux corrections chromatiques locales. Le rose du cou trop prononcé attire le regard, ce qui n'est pas souhaitable ici : j'atténue ce rose grâce à un calque de réglage Teinte/Saturation qui le transforme en un orange pastel assez désaturé.

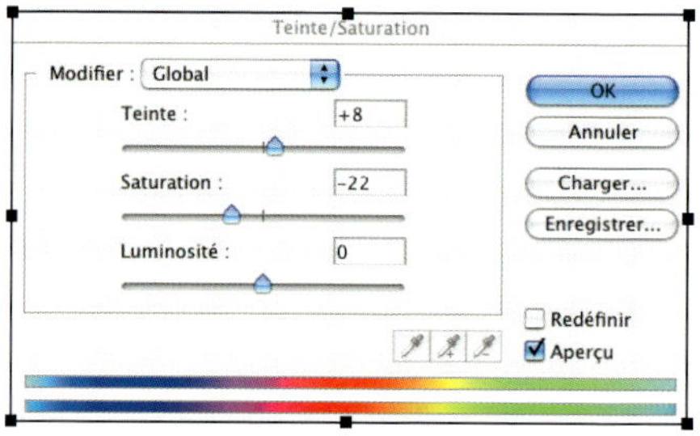

Je trouve que la photo tire encore un peu trop vers le rose. Pour corriger cet aspect, je crée un calque de réglage Teinte/Saturation et pousse le curseur de teinte vers le vert, pour que l'image soit légèrement plus jaune.

Une joue plus creusée

La joue mérite d'être creusée pour accentuer les pommettes et le regard. Pour y remédier, j'utilise un calque de réglage Niveaux en densifiant le gamma (curseur gris déplacé vers le curseur blanc). J'atténue cet effet en décalant le curseur de niveau de sortie clair vers la gauche. J'effectue cette correction locale à l'aide d'un gros pinceau très doux. ■

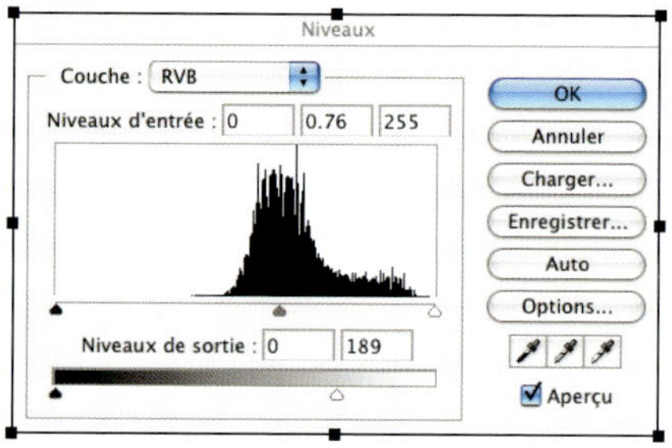

Avant

Après

Des cheveux plus épais

Les cheveux doivent être plus denses pour border la photo et coller au rendu, qui est nuancé mais relativement contrasté. Je crée donc un nouveau calque de réglage Niveaux que j'applique localement avec son masque de fusion sur la zone des cheveux, en poussant le gamma vers la droite pour convertir une partie des tons moyens clairs en tons moyens.

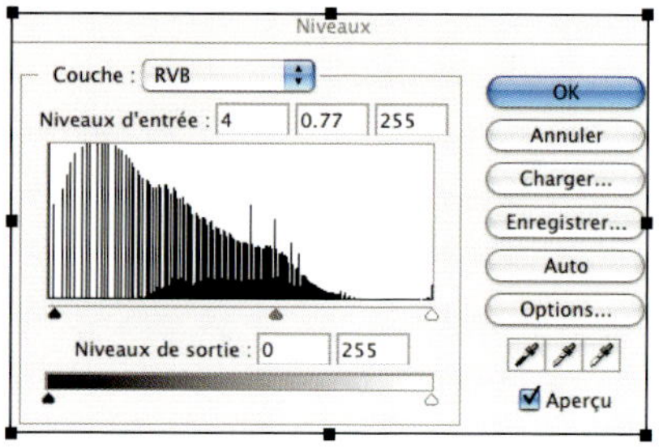

Étape 3

Une oreille trop jaune

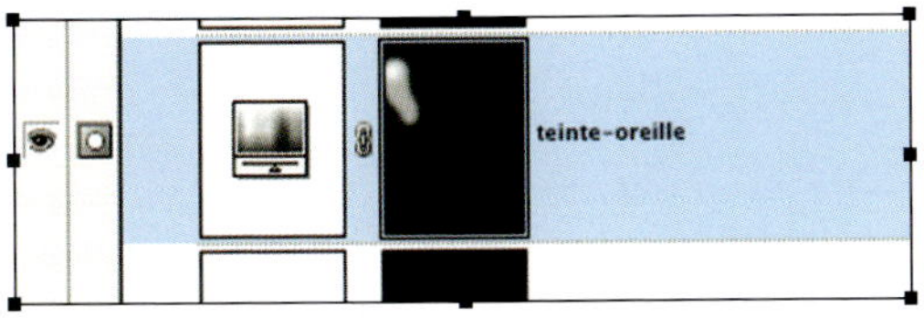

La teinte de l'oreille dénote par rapport au reste du visage car elle est trop jaune. Grâce à un calque de réglage Teinte/Saturation, je ramène cette teinte vers un rose plus approprié. Le jaune de l'oreille n'étant pas uniforme, j'applique cette correction chromatique localement, par petites touches avec un pinceau doux.

Si vous possédez une (tablette **graphique avec pression variable,** *n'hésitez pas à l'utiliser avec les masques de fusion, car c'est plus pratique.*

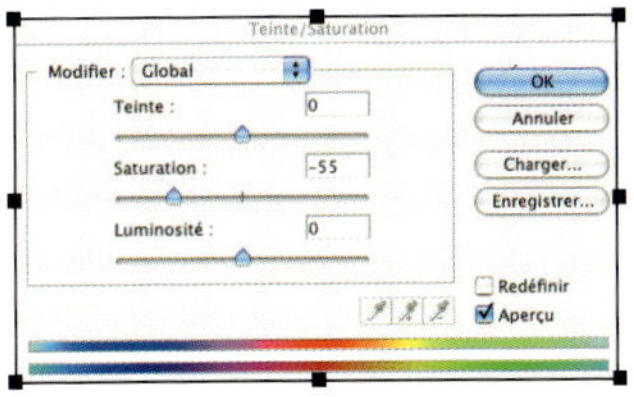

Le blanc des yeux est un détail à ne pas négliger, surtout dans un portrait. À l'aide d'un calque de réglage Teinte/Saturation, je désature les teintes présentes, mais en gardant toutefois un soupçon de couleur pour rappeler l'ambiance de la photo et donner un côté plus réaliste. Ici, j'ai réduit la saturation à –55. ■

Un regard plus souligné

Sur cette image, le regard est important et doit donc être accentué. Pour ce faire, j'emploie encore un calque de réglage Niveaux, en densifiant les tons moyens et foncés et en « poussant » les tons clairs.

J'épaissis les sourcils pour qu'ils donnent davantage d'assise au regard. Pour cela, j'emploie un calque de réglage Niveaux (avec masque de fusion et sélection sur les sourcils), en positionnant le curseur des tons foncés à l'extrême gauche pour combler le fait que les tons foncés débutent aux gris moyens foncés.

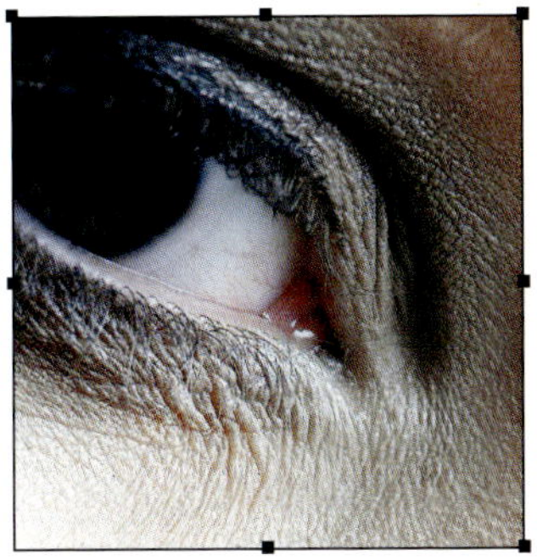

Avant

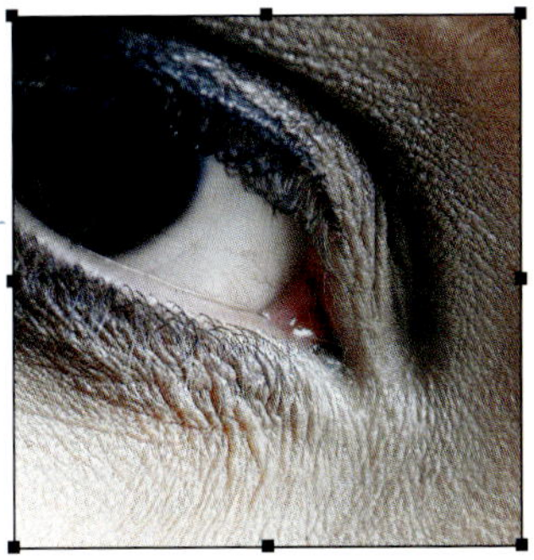

Après

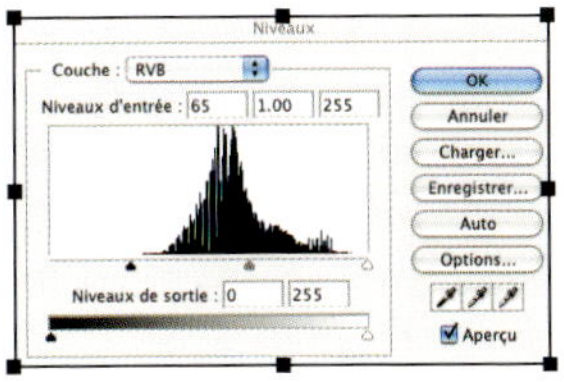

Étape 4

Une pointe de dureté

Plus on retouche la peau, plus on adoucit son rendu, plus on délaye son grain. Pour corriger cet effet, il faut renforcer légèrement les arêtes du visage (ailes du nez, contour des lèvres, menton...), et fournir ainsi à l'œil des repères d'accroche lui permettant de circuler facilement dans la photo.

On pourrait (comparer cette technique *au travail d'un maquettiste dans la presse qui utilise les accroches pour guider le regard.*

Pour cela, je commence par faire une copie aplatie de l'image, que je place dans un nouveau calque, au-dessus des autres. J'y applique alors la commande Filtre>Divers>Passe-haut.

Pour aplatir tous vos calques, placez-vous dans un calque contenant de l'image (et non dans un calque de réglage) et utilisez le raccourci Pomme+Maj+c.

L'aperçu vous indique l'intensité de l'effet du filtre : en réduisant le rayon, cet effet portera sur de plus petits détails, comme si vous ajoutiez de la netteté via le menu Filtre>Renforcement>Plus net. En augmentant le rayon, vous jouerez davantage sur les différences de valeurs de tons de l'image (le contraste), ce qui vous donnera un squelette de contour. Le gris se comportera comme le noir dans les masques de fusion : inactif et invisible. Comme ici je pars d'une grande photo (22 Mpx), je choisis un rayon important, pour travailler en proportion de la taille de l'image.

J'obtiens alors une image grisâtre, que je désature (Pomme+Maj+u) pour mieux visualiser le squelette. Puis je passe le mode de fusion du calque en mode Lumière tamisée. Magie ! L'image a gagné en force, elle ressort beaucoup plus. Il ne me reste plus qu'à travailler sur le masque de fusion pour appliquer localement cet effet de dureté, car sinon il concernerait par défaut toute l'image. ■

Squelette désaturé

Avant

Après

Étape 5

Un aspect plus « givré »

Je remarque une petite zone trop saturée dans le cou à gauche, qu'il me semble judicieux d'atténuer pour rappeler la source de lumière située de ce côté, mais aussi pour fondre le cou et le début de la nuque avec le bord de l'image. Ainsi, l'œil sera davantage attiré par le visage ; qui plus est, cet effet ajoutera une touche de fraîcheur à ce dernier, lui donnant un aspect « givré » qui convient parfaitement ici.

Grâce aux masques de fusion, je sécurise au maximum les retouches, puisqu'ils permettent de revenir dessus si nécessaire, ce qui arrive quand le client demande de corriger un effet, d'atténuer une retouche, ou autre. Je ne gomme jamais sur un calque, car je perdrais des infos et de la matière…

Un maquillage plus prononcé

Je densifie également le maquillage des paupières pour renforcer le regard, qui sera ainsi plus dur, plus accrocheur. Pour cela, j'ajoute un calque vierge, en mode de fusion Produit, et je recouvre les paupières de noir, en débordant volontairement de la zone souhaitée. Tout le travail de précision portera sur le masque de fusion que je lui associe.

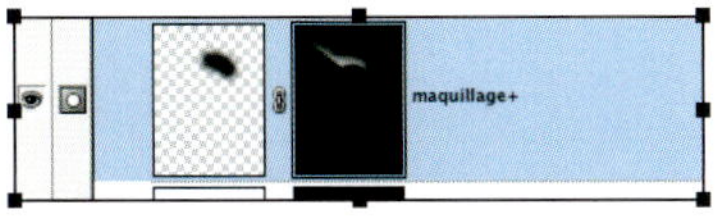

Les corrections chromatiques étant terminées, passons à la mise en valeur du collier. ■

Avant retouches chromatiques

Après retouches chromatiques

Étape 6

Mise en valeur du collier

Sur cette photo, je dois soigner l'aspect du collier, puisque cette commande est destinée à un magazine de joaillerie. Ce bijou mérite bien un petit coup de projecteur : pour y remédier, je vais utiliser la technique que j'ai déjà employée pour durcir l'aspect du visage.

Pas besoin de détourer le collier, un simple rectangle de sélection tout autour me suffit. Comme dans l'étape 4, je colle dans un nouveau calque une copie de l'image aplatie et y applique le filtre Passe-Haut. Cette fois, j'opte pour un rayon nettement plus petit pour m'adapter à la taille du collier, et en particulier à ses maillons.

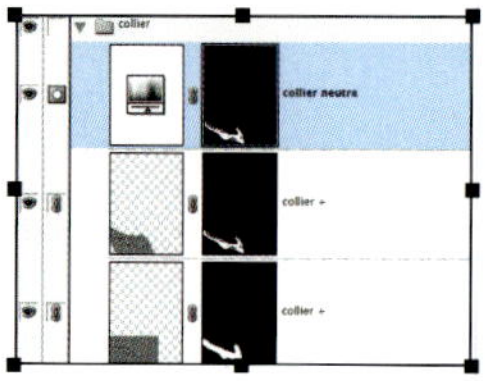

Je désature le calque et passe son mode de fusion en Lumière tamisée. J'associe alors un masque de fusion que je remplis de noir. Je peins en blanc l'intérieur au moyen d'un pinceau fin adapté à la taille du collier.

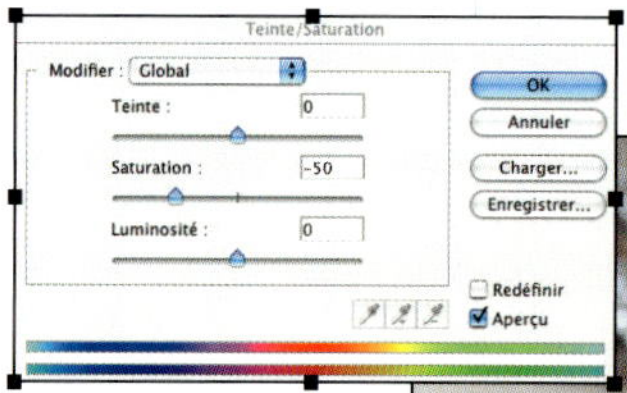

Le collier étant le sujet principal de la photo, son apparence doit rester neutre, fidèle à l'original, sans être dénaturée par l'ambiance générale de la photo. La légère teinte bleutée présente sur toute l'image doit donc disparaître dans la zone de ce collier. J'utilise là encore un calque de réglage Teinte/Saturation, mais comme pour le blanc des yeux, je ne désature pas totalement. En réglant la saturation sur –50, je laisse ainsi un soupçon d'ambiance colorée.

Une fois cette retouche effectuée, vous pouvez accentuer son effet en dupliquant ce dernier calque (Pomme+j), puisque la retouche s'y appliquera deux fois. Ou en passant le mode de fusion en Lumière crue.

Avant

Après

Étape 7

Greffe de cheveux

J'ai besoin ici d'ajouter des cheveux au-dessus de l'oreille pour uniformiser l'aspect de la chevelure. Pour ce genre de retouche de masse, avec des éléments aussi délicats que des cheveux, je conseille de travailler à l'ancienne : oubliez le tampon, ainsi que les outils Pièce et Correcteur. Il faut d'abord réfléchir à l'implantation de ces nouveaux cheveux, à l'orientation qu'ils devront prendre, sachant que pour chaque zone à recréer, ils auront un aspect différent.

Je dois donc sélectionner des zones de cheveux qui puissent convenir : pas de mèches trop épaisses pour l'arrière des oreilles, ni de boucles puisque les cheveux seront tirés et orientés vers le haut du crâne. J'effectue ces sélections avec le lasso, puis les copie-colle sur de nouveaux calques.

Je réoriente les calques, les tords si nécessaire pour corriger la perspective, puis leur applique les transformations Orientation, Torsion et Agrandissement. Puis je passe en mode Obscurcir, bonne méthode dans le cas de cheveux foncés pour se fondre dans la chevelure sans effet de masse.

Mais le résultat demeure encore grossier. Pour peaufiner le travail, j'entre dans l'image, zoome pour établir les jonctions. L'ajout d'un masque de fusion est obligatoire ici, car c'est lui qui me permettra de faire disparaître les bords francs et nets du lasso. Il faut y aller progressivement et gommer par touches. C'est un travail minutieux et laborieux, mais une fois terminé, je suis ravi du résultat. Ça change tout en effet !

Pour éviter que les raccords entre les cheveux existants et les greffés ne soient trop flous, j'applique un filtre de diffusion qui ajoute du grain dans les dégradés du masque. Puis je crée un léger flou gaussien pour brouiller ce grain, ce qui rendra l'emboîtage plus naturel. ■

Image de départ

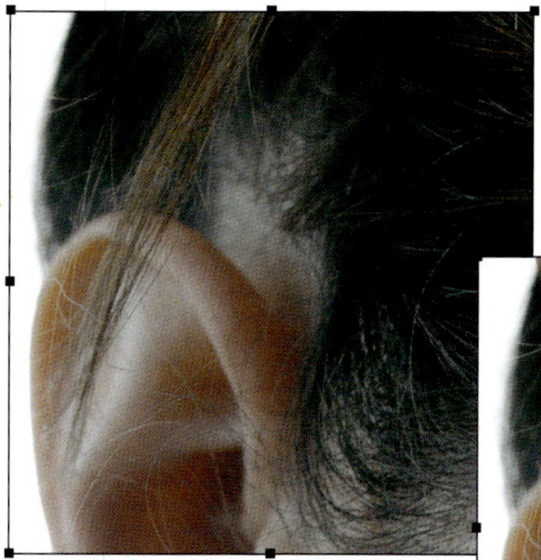

Copie des cheveux sur un nouveau calque

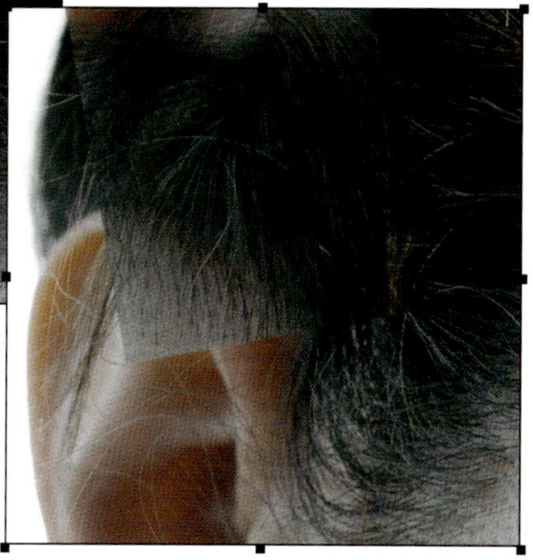

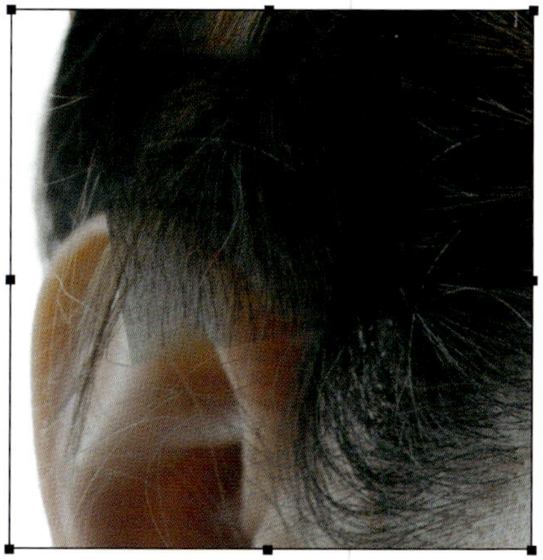

En mode obscurcir

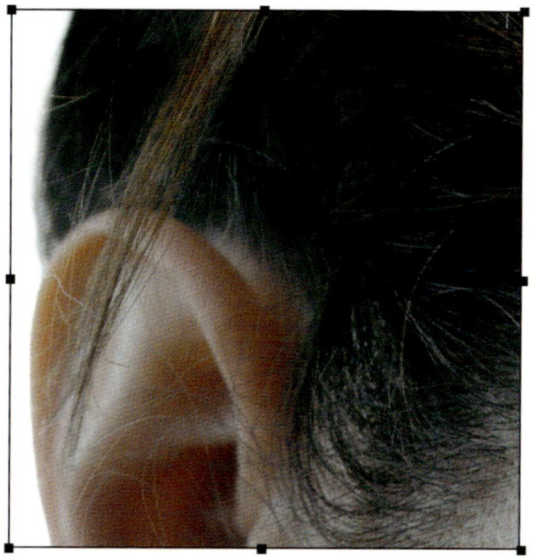

Avec masque de fusion

Étape 8

Reconstruction de l'oreille

Je constate qu'une mèche passe devant l'oreille. Pour parfaire cette retouche, je vais la faire passer derrière. Ici, deux solutions s'offrent à moi : redessiner l'oreille (ce qui serait long et délicat), ou utiliser une autre photo de la séance avec l'oreille dégagée (pratique, mais parfois impossible). Par chance ici, je dispose d'une autre photo où l'oreille est sans mèche, mais cette photo est très petite, cette deuxième oreille faisant la taille du lobe de la première…

Heureusement, la mise au point de la grande photo a été faite sur le visage, l'oreille étant hors focus et donc floue. J'agrandis considérablement la petite oreille pour la caler sur la grande grâce à une transformation avec torsion.

L'ajout de grain sur un calque supérieur vous permettra de ne pas toucher à votre image : des déformations pourront être ainsi effectuées sans altérer le grain, ni le tordre ou le comprimer. Il s'agit d'une sorte de « post-effect ».

Pour visualiser par transparence la grande oreille sur laquelle je vais me caler, je passe l'opacité du calque de la petite oreille à 60 % avant d'effectuer la transformation.

Il ne me reste plus qu'à jouer avec le masque de fusion que j'associe au calque de la nouvelle oreille. Comme d'habitude, je remplis le masque de noir, et je peins en blanc par petites touches pour faire apparaître la nouvelle oreille. ■

Je m'aide du filtre Médiane (Filtre>Bruit>Médiane) pour lisser l'aspect des contours et faire fondre le grain, car la compression JPEG de la petite image a laissé de vilaines traces sur l'oreille. Puis j'ajoute à l'oreille de la matière et du grain identiques à celui du reste de l'image. Pour cela, je crée un calque que je remplis de gris neutre à 50 %. Je lui applique un bruit équivalent à celui de l'image, puis je floute légèrement le grain (Filtre>Atténuation>Flou Gaussien) en utilisant un très petit rayon afin de brouiller ce grain sans le transformer en grumeaux. En effet, le grain de Photoshop, très net, ne convient pas au rendu photographique, plus diffus.

Pour finir, je passe en mode Incrustation le mode de fusion de mon calque de grain, que j'associe à l'oreille. J'obtiens ainsi une oreille avec une matière équivalente à celle de la photo prise en haute définition.

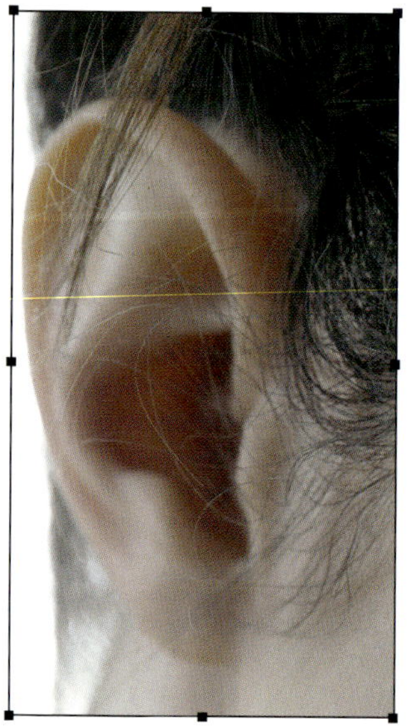

Avant

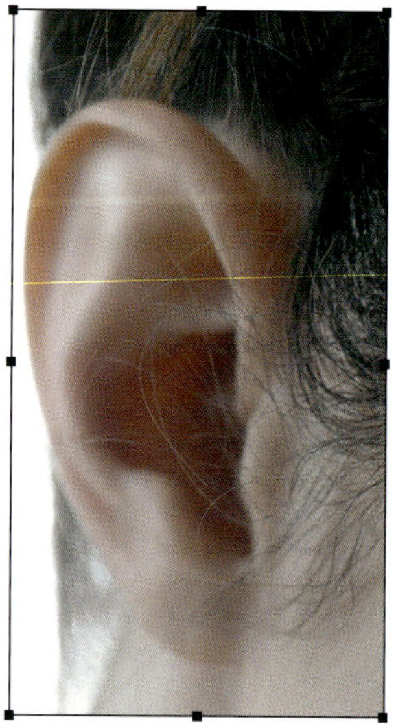

Après

Étape 9

Finitions de peau

L'appareil qu'a utilisé le photographe a tendance à ne rien laisser passer, le moindre micro relief étant capté. Par chance, le mannequin a une jolie peau, ce qui réduit le travail de retouche. Néanmoins, plusieurs interventions locales sont nécessaires pour obtenir une peau assez uniforme.

Pour commencer, je sélectionne au lasso le visage et le colle sur un nouveau calque, sur lequel j'applique les corrections de peau (marques, cicatrices, plis, petits boutons, reliefs disgracieux) à l'aide des outils Correcteur et Pièce.

Puis je passe au lissage de la peau proprement dit. Je commence par lisser l'aspect de la peau au moyen d'un flou gaussien. Imaginez l'apparence de ce visage derrière un verre dépoli : le résultat doit s'en rapprocher. J'utilise un masque de fusion pour appliquer ce premier lissage, en laissant de côté les yeux, les arêtes du nez, le contour de la bouche : tout ce qui contient des informations de contraste et de forme ne doit pas être concerné par cet effet. Je joue avec l'opacité du calque pour doser l'effet du lissage (j'ai choisi 50 %). Après avoir créé et ajusté ce masque de fusion, je brouille l'application uniforme du lissage par la commande Filtre>Bruit>Ajout de bruit. Je brouille ensuite à son tour le grain obtenu à l'aide d'un flou gaussien très léger. Le lissage sera ainsi visible, mais de façon plus subtile.

De la même manière, je lisse la peau des paupières avec un masque de fusion local. J'applique alors un second lissage plus proche du grain de peau d'origine pour redonner de la matière à l'aspect trop diffus de la peau. Cette fois, pour brouiller les reliefs, j'emploie un filtre détourné de sa fonction première : Filtre>Bruit>Antipoussière. En poussant le rayon de façon à faire fondre les détails de peau, j'obtiens un grain assez naturel.

J'ai maintenant un grain de peau trop artificiel, car appliqué à 100 %. Je rectifie son application avec l'opacité du calque, en la fixant ici à 40 %. Ensuite, je procède aux corrections de lissage pour la courbe du menton, l'aspect marbré/grumelé de la pommette et les plis du cou. Pour cela, je sélectionne ces zones avec le lasso, j'applique un flou gaussien pour noyer les détails et lisser l'image, puis je joue avec l'opacité et son masque de fusion pour doser l'effet. C'est fini ! ■

Avant

Après

J'ai toujours trouvé les sauterelles plutôt mignonnes. Les enfants aussi les aiment, ils adorent les attraper et les tenir dans les mains. Mais s'ils savaient à qui ils ont réellement à faire... Car vu de très près, cet insecte prend des allures d'extra-terrestre ! Ici, j'ai voulu faire ressortir la matière étonnamment riche de son épiderme, tachetée et veloutée.

atelier 09

PEET **SIMARD**

Matériel utilisé

- Appareil photo numérique Canon 1DS
- Objectif Canon 2,5/50 mm macro
- Mac G4 biprocesseur 450 MHz
- 1,5 Go de RAM
- 300 Go de disque dur

Logiciels utilisés

- Photoshop CS
- Capture One Pro 3.5
- iView MediaPro 2.6

Nez à nez avec une sauterelle

Prise de vue — Travail de matière — Image finale

Grand passionné de prises de vue rapprochées de plantes, je venais d'acquérir un nouvel optique macro pour prendre des photos grandeur nature. Un matin, en photographiant des roses, j'ai aperçu une petite sauterelle qui m'observait. J'ai vite braqué sur elle mon appareil pour la photographier avant qu'elle ne se sauve. À ma grande surprise, elle m'a laissé réaliser plusieurs clichés avec pose longue sur trépied (1 seconde à ouverture 16, ISO 100) et l'optique finalement rapproché à quelques centimètres. C'est seulement en visualisant les images sur mon écran d'ordinateur que j'ai constaté qu'il lui manquait une patte arrière.

Grâce à la (retouche numérique, même les sauterelles unijambistes *peuvent devenir top-models.*

Étape 1

Flux de travail

Je charge les vues dans le catalogueur iView MediaPro, ce qui me permet de visionner facilement les images prises au format RAW. Parmi la trentaine de clichés, je choisis celle où la sauterelle me sourit. Puis je développe cette photo grâce au convertisseur Raw Capture One que je préfère au convertisseur ACR intégré dans Photoshop CS. Capture One donne en effet un résultat avec moins de bruit dans les ombres et un meilleur contraste local, surtout dans les basses lumières. J'ai donc une image assez plate, qui pèse 63 Mo en 16 bits.

Je dresse ensuite l'inventaire des retouches qui sont à effectuer pour que l'image exprime ce que j'ai ressenti.

Étape 2

Premières retouches

Malheureusement, le jour où a été prise cette photo, le capteur de l'appareil était incrusté de poussières. Et nettoyer l'image avec le tampon s'avérerait très fastidieux car sur les zones contenant des dégradés, les traces de tampon deviendraient visibles si les raccords n'étaient pas parfaits. Procédons donc autrement.

Je copie le calque du fond, auquel j'applique en mode Luminosité le filtre Poussières et rayures, rayon 4 pixels, seuil 0. Puis je crée un masque de fusion qui cache tout (via la commande Créer un masque de fusion, tout en maintenant la touche Alt enfoncée). Il suffit alors de parcourir l'image à 100 % à l'écran et de cliquer sur chaque point de poussière avec l'outil Brosse pour que l'imperfection s'estompe. Je trouve cette méthode plus rapide si l'image est très encrassée.

La frange pourpre sur le pétale risque de trop attirer l'œil, surtout avec les traitements en chromie et en matière qui vont suivre. Je préfère donc l'éliminer dès le début, car cela laissera moins de traces. Je crée un calque provisoire nommé Frange pourpre, puis avec le tampon réglé à 20 % et une brosse à bord doux, je parcours le tour du pétale pour estomper la frange. J'aplatis ensuite le calque avec le fond.

Dans le cliché choisi, la patte avant droite de la sauterelle a été tronquée par le cadre. Avant de cloner l'autre patte, je vais d'abord prolonger le premier plan. J'agrandis la taille de la surface de travail via le menu Image>Taille de la zone de travail. Puis je crée un calque vierge appelé Addition basse, sur lequel je prolonge le fond grâce au tampon.

Avec frange

Sans frange

Pour finir, je colle sur ce morceau de fond des bouts de pétales copiés ici et là à d'autres endroits de l'image, afin d'éviter d'avoir une zone uniforme.

Étape 3

Clonage de pattes

Je vais d'abord cloner la patte avant avec un peu de fond sur un nouveau calque vierge. Pas besoin de détourage puisque la source et la destination partagent à peu près le même fond. Je retourne cette patte grâce à la fonction Transformation (menu Édition>Transformation>Symétrie axe horizontal). Puis, avant de valider cette transformation, j'applique la commande Image>Transformation manuelle (Pomme+t) et pivote légèrement la patte pour que ce soit plus réaliste. Pour le raccord des fonds, je crée un masque de fusion et estompe le fond très flou de la patte superposée avec les coups progressifs de pinceau réglé à 50 % sur le masque.

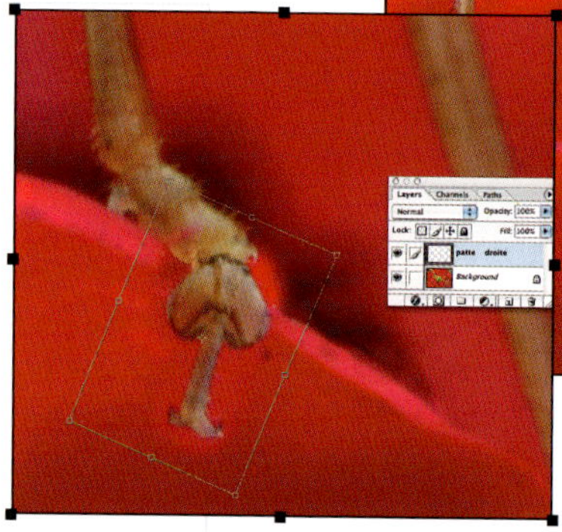

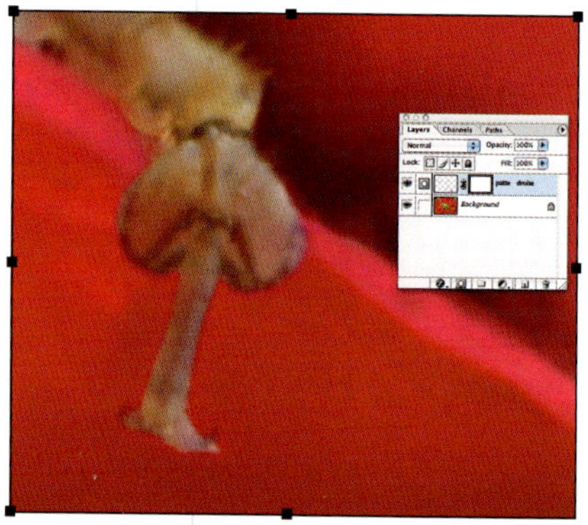

Pour vérifier que tout a bien été copié, il suffit de cacher l'image de fond. On visualise instantanément les zones mal clonées.

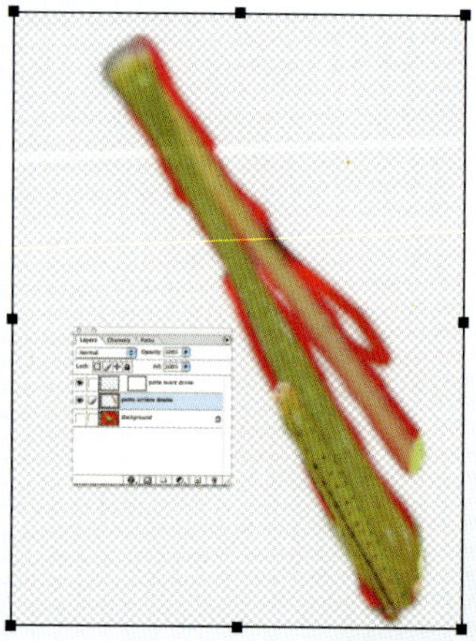

J'utilise la même technique de clonage pour la patte arrière. Je crée un nouveau calque nommé Patte arrière droite et clone la patte au moyen du tampon.

Puis là encore, j'emploie la fonction Transformation pour retourner la patte, l'orienter et la déformer pour que le raccord soit plus commode.

Étape 4

Raccords et finitions

Frankenstein n'est pas tout à fait prêt à aller danser au bal : la greffe de son membre arrière est encore trop visible. Je commence par rafistoler la partie claire et fine avec le tampon.

Avant

Après

Sur la cuisse est incrustée une partie de la patte avant gauche. Pour la faire disparaître, je vais coller par-dessus de la matière prélevée autour, à l'aide du tampon. Je crée une sélection sur la cuisse pour qu'on puisse limiter les retouches à l'intérieur de la zone sélectionnée. Pour mieux évaluer le travail sur ce calque, je baisse l'opacité du calque de fond à 83 %.

Pour finir, je masque la partie du membre qui occulte l'antenne : cette dernière semble désormais passer devant le membre. ■

Derrière la patte

Devant la patte

Pour effectuer la sélection de la patte, j'ai créé un tracé à l'aide de la plume, puis j'ai transformé ce tracé en sélection. Mais l'outil Lasso ligne droite aurait très bien aussi pu faire l'affaire.

Je déplace légèrement la patte pour mieux visualiser l'antenne. Je crée ensuite un masque de fusion pour dissimuler la frange de fond qui entoure le membre.

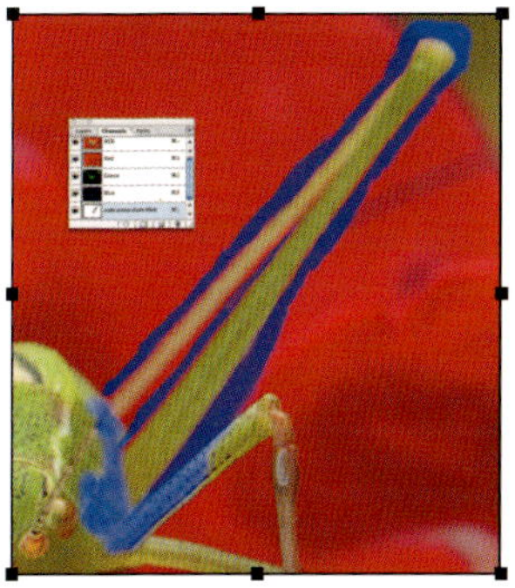

Étape 5

Chromie, contraste et luminosité

Je crée ensuite un calque de réglage Niveaux (Levels) : on peut constater que l'image est plutôt sous-exposée. Je déplace légèrement le curseur de droite vers le centre puisqu'il me faut une image sans hautes lumières complètement brûlées, étant donné que les interventions suivantes vont augmenter le contraste. Je passe le mode de fusion du calque sur Luminosité pour que la chromie ne bascule pas. Tout cela reviendrait à travailler avec la couche L dans l'espace couleur Lab.

Pour que la sauterelle ne finisse pas sa vie en rose, je vais créer un calque de réglage Couleur sélective (Selective Color Options), ce qui me permet de modifier la teinte des pétales, mais surtout de pouvoir extraire de la matière dans les zones d'aplat rouge (qu'on n'arrive pas à percevoir, tellement le rouge est sursaturé). Il suffit de rajouter du noir ou du cyan dans le rouge, ce qui révèle instantanément la matière masquée par les valeurs trop élevées de rouge. Pour mieux comprendre le principe, voici ce qui se passe si on met 100 % de cyan dans le mélange.

Finalement, j'ai mis +28 cyan dans les rouges et +13 noir dans les magentas pour obtenir un équilibre délicat des couleurs. ■

Pour modifier le contraste, au lieu d'utiliser les courbes (Pomme+m), je préfère copier ici le calque image et passer cette copie en mode de fusion Lumière tamisée (soft light), ce qui donne plus de contraste et de saturation.

Étape 6

Rendu de la matière

Une fois les niveaux et la chromie réglés, je sauvegarde une version en 16 bits avec tous les calques afin de pouvoir revenir à une version de la plus haute qualité possible si nécessaire. Avant d'appliquer les filtres, je convertis l'image en 8 bits puisque nombre d'entre eux ne fonctionnent pas en 16 bits.

Pour accentuer la différence entre les pétales soyeux et la sauterelle à l'aspect plus croustillant, je fais ressortir tous les poils, tâches et plaques sur sa carapace en les entourant d'un micro-trait noir. Pour cela, j'applique à une copie de l'image calque un filtre Contour postérisé (Poster Edges), avec les paramètres Épaisseur 0, Intensité 0, Postérisation 6. J'ajoute ensuite un masque de fusion pour n'appliquer l'effet du filtre que sur certaines parties. Sinon, cela fait ressortir des détails indésirables dont on ignorait même l'existence.

Photo initiale

Photo retouchée

Avant

Après

Contraste local

Pour plus de netteté et de contraste, j'applique enfin un filtre d'accentuation à une nouvelle copie du calque image en mode Luminosité (pourcentage 20, rayon 50 pixels, seuil 0). Comme pour le filtre précédent, il faut créer un masque de fusion et appliquer des coups d'aérographe ou de pinceau sur certaines parties de l'image.

En touche finale, j'étire toute l'image légèrement vers la gauche via la fonction Transformation : la sauterelle est maintenant prête à sauter. ■

les auteurs

CYRIL **BRUNEAU**

photographe – retoucheur

Photographe dans le domaine de la publicité et de l'illustration, Cyril Bruneau découvre l'outil numérique il y a une dizaine d'années et y voit un fantastique moyen de réaliser ses images. Aujourd'hui, on fait appel à lui, aussi bien pour son œil de photographe que pour sa maîtrise de la retouche et du photomontage. Il a participé à la réalisation d'images pour les plus grandes marques (Yves Rocher, Cartier, Disney Channel, Société Générale, Air France, Vinci...), ainsi que pour la presse (*Paris Match, Le Monde...*).

www.cyrilbruneau.com

FABRICE **DRILLON**

photographiste

Passionné d'images dès son enfance, Fabrice Drillon découvre la peinture et la photographie dans des clubs de quartier. Il réalise quelques photos et affiches pour des groupes de rock de l'Yonne, s'intéresse à l'architecture intérieure et à la décoration. Il passe un bac d'Arts appliqués pour travailler dans la communication visuelle, mais se tourne finalement vers la photographie en entrant à l'école EFET de Paris. Après un CAP et un bac pro en photographie, dont il sort major de promotion, il évolue maintenant dans la photographie d'œuvres d'art, où il met en place et gère le service de traitement numérique, parallèlement à des projets artistiques personnels.

f.drillon@artafab.com
www.artafab.com

ARNAUD **FRICH**

photographe

Photographe professionnel, Arnaud Frich est l'auteur de *La photographie panoramique*, publié en janvier 2004 aux éditions Eyrolles. Séduit dès son plus jeune âge par l'harmonie de ce format, il travaille aussi bien avec un appareil à objectif tournant qu'avec les méthodes par assemblage, en réalisant notamment des photos pour l'hôtellerie de luxe. Il fait également partager sa passion pour la photographie panoramique et pour la gestion des couleurs à travers ses formations et ses conférences. Arnaud Frich est également testeur de logiciels de *stitching*.

arnaudfrich@free.fr
www.arnaudfrichphoto.com

GILLES **GUÉRIN**

photographe

Venu à la photographie à la fin de sa scolarité, Gilles Guérin débute comme pigiste pour des magazines d'information. Il commence véritablement son activité professionnelle dans les années 1980, en travaillant pendant dix ans pour des revues de décoration intérieure et autres. Puis il rencontre l'équipe du magazine *l'Empreinte*, auquel il collabore pendant cinq ans. Aujourd'hui, il évolue essentiellement en photographie d'architecture intérieure. En 1998, il découvre ce que l'on appelait le « multimédia » et la retouche numérique. Fasciné par les possibilités de l'informatique, il s'est spécialisé dans la retouche et le montage photographique, et dispense des cours de formation en entreprise.

gg@gillesguerin.com
www.gillesguerin.com/info

AGNÈS **MASSIOT**

photographe – graphiste

Attirée très tôt par l'image, Agnès Massiot cherche d'abord sa voie dans le cinéma en tant qu'assistante réalisatrice, puis se lance dans l'assistanat photo, et enfin dans le reportage en se spécialisant dans les portraits d'enfants et d'hommes politiques. En 1988, grâce à un camarade de l'école Louis Lumière, elle découvre la photographie de nature morte et travaille comme salariée dans un studio parisien. En 1996, elle devient free-lance et suit plusieurs formations à l'école des Gobelins sur l'infographie et le multimédia. Depuis, elle travaille indifféremment en photographie et en graphisme Web ou Print.

propaga@wanadoo.fr
www.propaga.org

STÉPHANE **REY-GORREZ**

retoucheur photo – graphiste

Fasciné par le pouvoir de l'image, le graphisme et le trucage visuel, Stéphane Rey-gorrez commence sa carrière dans le milieu de l'image de synthèse et des effets numériques. Après trois ans de création visuelle mélangeant 3D et photographie pour diverses agences de publicité, il se lance comme free-lance dans la retouche numérique. Sa rencontre avec un photographe le confortera dans son choix, scellant une collaboration l'amenant à travailler pour diverses grandes marques prestigieuses comme Chanel, Cartier, Van Cleef & Arpels ou encore Nike.

stephrey07@hotmail.com

BERNARD **RICHEBÉ**

photographe

En 1980, Bernard Richebé remporte le Prix de Rome de photographie, qui accueillait pour la première fois un photographe dans une section nouvellement créée. À 23 ans, il découvre la Villa Médicis et la fabuleuse Rome antique. Ces deux années seront marquées par un enrichissement artistique intense, auquel contribueront les échanges avec les autres pensionnaires de la Villa Médicis. À son retour à Paris, Bernard Richebé reprend son premier métier, la photographie publicitaire. Il s'ensuit une collaboration avec les plus grandes agences publicitaires, et notamment RSCG, Publicis, CLM, ou Mac Can Ericsson.

bernard@richebe.com
www.parisartphoto.com/gallery/b_richebe

SHIVER

photographe – retoucheur – infographiste

Sorti d'une école d'Arts graphiques, Shiver travaille pour plusieurs photograveurs parisiens, dont les clients (Sonia Rykiel, Lanvin, Balenciaga, Nivea beauté...) lui permettent d'acquérir une culture d'image haut de gamme. Il intègre ensuite un studio de création, car il souhaite aborder son métier sous un angle différent. Il fait la rencontre d'un photographe-illustrateur qui lui enseigne les bases pour composer une photo. Actuellement indépendant, Shiver affiche une préférence pour le portrait, en cohésion avec son univers sombre, empreint d'une sensualité suggérée. Son site Internet reflète son leitmotiv : toujours se renouveler, rafraîchir ses idées, ses images, son travail.

shiver@rayfresh.com
www.rayfresh.com

PEET **SIMARD**

photographe publicitaire

Photographe depuis 26 ans, Peet Simard travaille à Paris dans la photo publicitaire. Il a fait l'objet de plusieurs expositions en France et en Amérique, notamment pour ses paysages fantastiques. Ses projets actuels peuvent être vus sur son site.

www.parisartphoto.com/gallery/simard

Conception maquette et mise en pages
Nord Compo

Imprimé en France
Dépôt légal : novembre 2004
Numéro éditeur : 7154

Achevé d'imprimer le 23 novembre 2004
sur les presses de l'imprimerie «La Source d'Or»
63200 Marsat
Imprimeur n° 11344